ФРАНЦ ХЕДРИХ

I0494614

ИСЧЕЗНУВШИЙ ВАЙТ

Роман

Перевод с немецкого и иллюстрации
Натальи Пятковской

ImWerdenVerlag
München
2021

ISBN 978-1-008-98442-4

Содержание

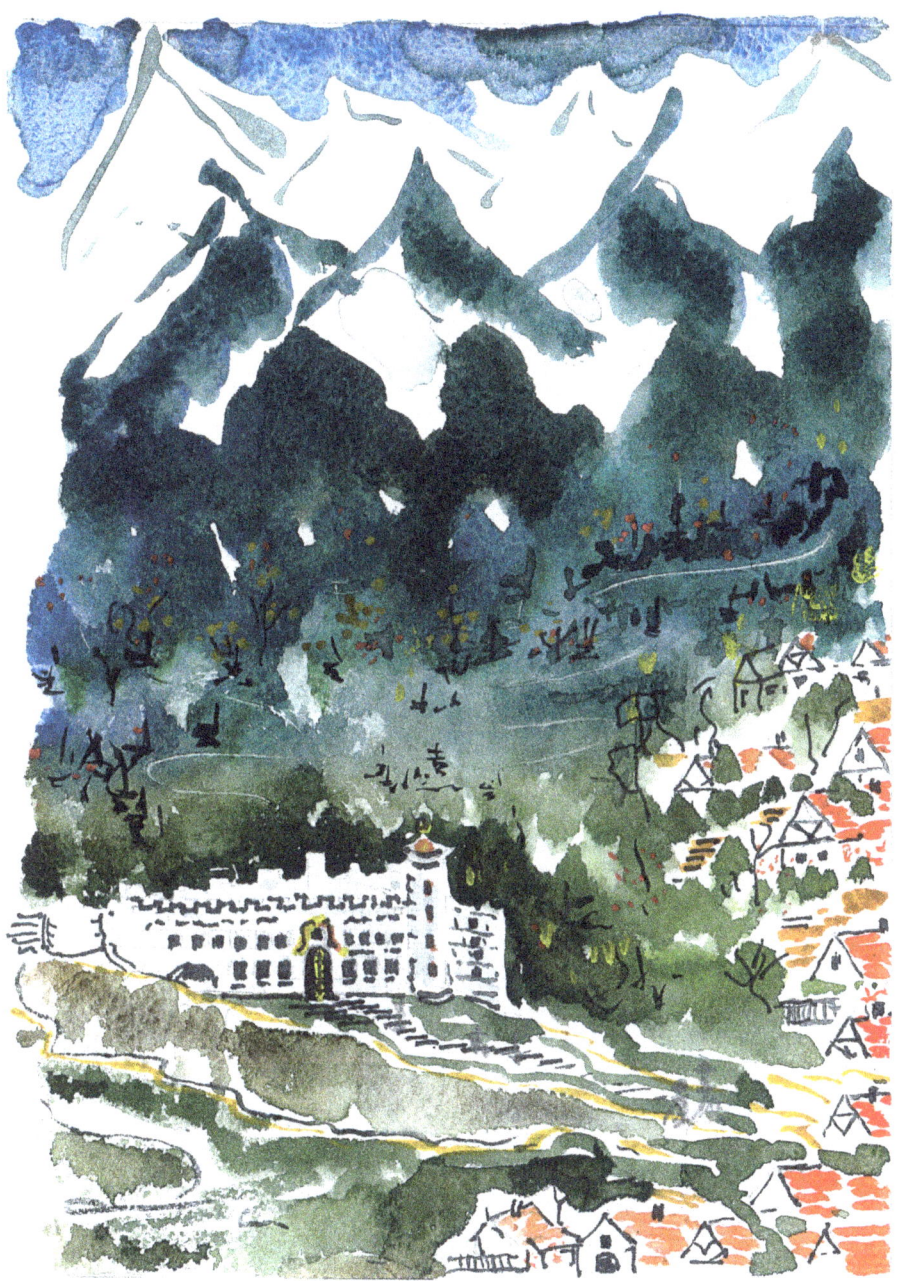

Глава 1

Бургзау — это очень симпатичная альпийская долина, закрытая со всех сторон величественными горными вершинами.

Там, где долина доступна для проезда только одной повозки, около крутого обрыва расположен городок с таким же названием. Маленькое, от всего мира отгороженное местечко состоит из совершенно одинаковых деревянных домов, отличающихся друг от друга разве только незначительными строительными особенностями, примитивным орнаментом или изображением разных святых.

В стороне, похожая на обезглавленную пирамиду, возвышается серая каменная махина и создается такое впечатление, что это какая-то древняя крепость, а всё, что прилегает к её основанию, является лишь только материалом для её постройки. Тем не менее, однако это княжеский замок, от прежнего великолепия которого ничего, впрочем, не осталось, кроме как помещения для суда, который сам играет не последнюю роль в той истории, о которой пойдет речь дальше.

Сам владелец замка, не имевший ни одного друга в этой горной идиллии, несмотря на то что был здесь хозяином уже тридцать лет, никогда здесь, собственно говоря, и не жил, как впрочем и в других своих замках, которых он также не удостаивал своей честью посещать, так как только в больших городах чувствовал себя комфортно. Вместо него распоряжался здесь всё это время и по своему усмотрению надворный советник господин Цинтнер, а поскольку он был здесь одновременно и главный управляющий и главный судья, местные жители воспринимали именно его как своего господина.

В то время, о котором пойдет сейчас речь, ему было семьдесят лет. Это был тонкий и возвышенный человек, полнота жизни для которого была высочайшим человеческим идеалом, и он действительно наслаждался жизнью по мере своих сил и возможностей. Сами дела, собственно говоря, его не очень беспокоили, а со своими обязанностями он справлялся так, что служебная машина запускалась в ход через его подчиненных в то время когда он приносил часы своих раздумий и мечтаний в жертву очередному прошению, которое, в свою очередь, как можно дольше откладывалось, пока, наконец, не разрешалось, и обвиняемые верноподданные привлекались к суду и наказывались.

Вот этой-то бюрократической и судейской частью своего положения он тяготился больше всего, и не потому что она была для него тяжелым бременем, а потому что строгость господина в данном случае не соответствовала пустячным, в большинстве случаев, делам крестьян, а осознание им своего ранга и превосходства даже отпугивало его от соприкосновения с простыми людьми.

В этом городке, где люди жили в полнейшей тишине и однообразности жизни и в своем примитивном состоянии почитали пастора и управляющего как ближайших к Богу существ, не было больших скандалов и, как следствие их, и больших судов, которые и вообще-то редко случаются в отгороженных горами местечках, а тем более здесь, где не было ни торговли, ни движения.

Здесь, в Бургзау, случалось что-либо чрезвычайно редко, а еще реже заканчивалось это судом, а если вдруг что-либо всё-таки случалось, то это так и уходило в обыкновенности будней, так же, как и сама непритязательная жизнь людей в горах, которые обычно не докучали начальству и не утомляли себя религиозным рвением.

Одно только небо знает, однако, как справлялся бы управляющий со своими обязанностями, если бы судьба не послала ему в качестве помощника человека, который был для него и полицейским, и адвокатом, и судьей, и исполнителем приговора и ещё , как правило, одновременно и к тому же в одном и том же судебном зале. Его звали Грюнайзен и был он отставным капралом. Это был худощавый, среднего телосложения человек с простым добрым лицом, которое благодаря щетинистым усам, густым бровям и всклокоченным волосам носило некоторый отпечаток дикости. Он был честный, порядочный и справедливый человек, насколько это позволяли ему быть его горячность, вспыльчивость и некоторая ограниченность. Со своей неизменной, покрытой медью, палкой в руках, которой он постоянно размахивал и вечно вертел в руках, он все еще видел себя в своем военном прошлом, которое было органичной частью его образа.

В этот жаркий июльский день управляющему, и в обычные дни тяжелому на подъем, на этот раз особенно трудно было появиться в суде. Уже с самого раннего утра он мучился и терзался, но к обеду, когда часы на башне кирхи пробили двенадцать, уже большинство дел рассмотрел. К сожалению, это ещё не означало, что можно было вернуться домой в любимейшую тишину своих покоев, потому что ещё предстоял мучительный процесс доведения до конца некоторых решений в судебно-правовом порядке. Касалось это одного подмастерья, отважившегося бежать вместе с каким-то бродягой и возвращенного полицией уже с полдороги, потом был ещё слуга, который должен был быть оштрафован за то, что, несмотря на предписание начальства, объехал откос без специальных ободов на колесах телеги, и, наконец, была тут ещё одна преступница, набравшая в господском лесу полный фартук соломы, из которой сделала подстилку для своей козы.

Когда же эти беспокойные судебные дела с божьей помощью и благодаря Грюнайзену были, наконец, завершены, управляющий закрыл опять на долгое время ящики секретера и откинулся в кресло, ожидая возвращения своего помощника, который в это время эскортировал лесную нарушительницу.

Весь вид управляющего, всё его гладко выбритое, хорошо сохранившееся и ухоженное лицо и его не полное, но округлое телосложение говорили об его отличном самочувствии.

Лоб и щеки до самого подбородка были покрыты морщинками, под каждой из которых скрывалась улыбка, выражающая полное удовольствие. Оставалось только удивляться, как такой здоровый человек, который может целый день ездить то в гости, то на охоту, то допоздна пировать за столом, так легко утомляется от самой незначительной серьезной работы.

Дверь через пару минут отворилась и показался Грюнайзен. Управляющий тут же встал, как по сигналу приглашения к обеду.

— Ваше величество, — сказал Грюнайзен с подобострастной миной, переступая порог, — у нас ещё не всё...

— Что же там ещё? — спросил управляющий, вздрогнув.

— Ещё одна пара ждет, даже, собственно говоря, две, — ответил Грюнайзен.

— Об этом не может быть и речи! — воскликнул управляющий с ужасом и хотел было из судебного зала вообще исчезнуть.

— Ваша честь, Вы можете, конечно, приказать не принимать их, — сказал Грюнайзен с выражением полного почтения и подобострастия на лице, — но тогда эти две пары, которые хотят вступить в брак, будут Вам день и ночь на глотку наступать,, потому что у них неотложное дело.

— Ну и кто же они, эти две пары? — спросил управляющий, уже совершенно отчаявшись.

— Штегвирт и Леонард из Унтерангера... — начал было Грюнайзен, но управляющий его тут же перебил.

— Так они же уже обручены. Зачем же они снова пришли? Чтобы меня окончательно доконать?

— Я не знаю, — пробормотал Грюнайзен, который действительно ничего не знал, но которого этот приём интересовал не столько по служебным обязанностям, сколько из внимания к Штегвирту, у которого он частенько пил пиво и шнапс.

— Это дело и так доставило мне уже много хлопот, — сказал управляющий, наморщив лоб, — к тому же я совершенно не помню, кого эти молодые люди хотят взять в жены? Дай Бог памяти!

— Штегвирт берёт Бальбину из Оберангера, самую красивую девушку во всём приходе, а Леонард берет Бригитту, дочь Штегбауэра, о которой только и можно сказать, что она недурна и имеет большее приданое, чем другая.

— Да, я припоминаю, что это действительно так, — пробормотал управляющий.

— Я думаю, Ваша честь, — сказал Грюнайзен уже потеплее, — что Вы должны этих людей сегодня принять, чтобы с этим делом покончить раз и навсегда. , потому что они друг без друга жить не могут....

— Ну, я уже чувствую, что мне не придти сегодня пораньше к обеду, — ответил управляющий уже примирительно, — зови их, но только скажи, что у нас очень мало времени!

Управляющий снова сел в свое судейское кресло, в то время как Грюнайзен, окрыленный успехом, открыл дверь и позвал громко:

— Вам разрешается войти, но только, пожалуйста, короче, очень коротко! Наш глубокоуважаемый господин управляющий ещё не обедал!

Обе пары вошли в зал с той особенной серьезностью, с какой всегда входят крестьяне в кирху или другое присутственное место. Девушки остались стоять у двери, в то время как молодые люди сделали два шага вперёд. Одеты все они были так, что было видно, что они из обеспеченных домов. Обоим молодым людям было около тридцати лет, на них были чёрные бархатные куртки с толстыми шёлковыми шнурами и совершенно новые, с иголочки фетровые шляпы с тяжёлыми золотыми кистями. Девушки же были одеты так, как обычно одеваются девушки в этих местах в воскресенье: на них были жакетки и широкие фартуки из тяжёлого шёлка, на голове чепец из золотой проволоки, а на шее украшения из жемчуга и золотых монет.

Управляющий мгновенно поднялся и приблизился к вошедшим. Лицо его просияло, но это была не та обыкновенная предупредительность, с которой он всегда встречал робких прихожан или просто своих подчиненных, а это был знак восхищения перед Бальбиной, чей стройный стан и мадонноподобное лицо вызвали у него как у знатока и поклонника женской красоты необыкновенный восторг.

— Ну, так что же у вас? — обратился он по-дружески к вошедшим. — Я думал, что вы уже давно обручены.

— Мы, Ваша честь, передумали, — ответил Штегвирт с некоторым юмором, — и пришли сюда, чтобы просить Вас, Ваша честь, одной парой строчек всё изменить.

— Что такое? В чем дело? — спросил управляющий, который так ничего не поняв в сказанном, был, однако, совершенно поставлен в тупик.

— Дело в том, что я хочу взять в жены девушку Леонарда, а он — мою, — ответил Штегвирт.

— Он что, шутит с нами или просто сошёл с ума? — спросил управляющий, бросив удивленный взгляд на стоящего за его спиной Грюнайзена.

— Нет, мы вовсе не шутим, — возразил Штегвирт совершенно серьёзно, — как же мы можем позволить себе шутить с Вашей милостью. Мы хотели бы, чтобы было так: Леонард должен получить мою, как это было вначале, а я — его девушку. Мы просим Вас, Ваша милость, без лишних хлопот переписать в наших заявлениях имена девушек. При этих словах он вытащил упомянутую бумагу из внутреннего кармана куртки.

Леонард, очень красивый высокий молодой человек, который до этого момента стоял со странным безразличием, тут поднял глаза и достал свою бумагу тоже. Девушки оставались стоять всё так же неподвижно и молча, опустив глаза в пол. Вид всех четверых говорил об их полнейшем взаимопонимании.

— Если бы я вас сейчас собственными глазами не видел, — сказал управляющий, стиснув руки, — я бы подумал, что я сам раньше поступил неправильно или несправедливо, но теперь я, кажется, понял, что вы хотите. Однако всё-таки в чём причина? На каком основании вы это просите?

— Вы совершенно вправе, Ваша милость, требовать от нас объяснений, — ответил на это Штегвирт, даже обрадо-

12

вавшись. — Да, конечно, нужно обоснование, это абсолютно верно.

Вы спрашиваете, почему мы так решили? Дело в том, что моя земля граничит со Штегбауэрами, а Унтерангер, который принадлежит Леонарду, и Оберангер, где живет Бальбина, прилеплены так друг к другу, как будто сам Бог велел им быть одним целым. Вот почему я хочу жениться на Бригитте, а мой товарищ — на моей прежней невесте Бальбине, и, таким образом, наши хозяйства будут вместе, а мы, как говорится у нас на Hochdeutsch[1], совсем и полностью объединимся.

— И это всё? — вскричал управляющий, у которого от волненья застучали зубы и задрожали руки. — И как только вам могло прийти в голову здесь, в господском замке, в здании суда, перед моими глазами вести подлую торговлю и просить меня, чтобы я вам разрешение дал? В вас говорит сейчас такая тупость и такое корыстолюбие, которого даже у дикарей не бывает! Однако я чувствую, что вы об этом даже и не подозреваете! Так могут себя вести только грубые, неотесанные чурбаны, а не приличные люди, как я о вас раньше думал!

— Но, я не понимаю... — начал было Штегвирт, подмигнув своему другу, когда управляющий его резко прервал.

— Довольно, — вскричал он, — я сегодня от гнева не смогу и куска хлеба проглотить. Ведь я только потому решился до обеда заняться с вами, что господин Грюнайзен наговорил мне о вас много хорошего.

— И как смогу я впредь довериться твоему мнению и твоему ходатайству, если ты только сегодня уверял меня, что эти молодые люди так сильно любят друг друга, что просто не могут друг без друга жить? — обратился он

---

[1] Hochdeutsch — Немецкий литературный язык.

к своему помощнику, который стоял сзади него с открытым от неожиданности ртом.

— Я и сам так думал, — начал было Грюнайзен, — отчаянно обороняясь. — Да и что, скажите, ради Бога, должен думать человек, который собственными глазами видел, как Штегвирт изо всех сил старается Бальбину заполучить, хотя та долгое время до того не хотела за него идти. И что должен думать человек, который видит, как Леонард все каблуки сбил, торча у Штегбауэров, если он на всех ярмарках для Бригитты дорогие подарки покупает и по десять раз в день у её забора торчит. Ну, если это не любовь, то собака это не собака, если её только видишь, но не слышишь, как она лает. И не только я один так думал, все у нас в городке так считали.

— Вы, что же, в Бога не веруете? — снова обратился надворный советник к молодым людям. — Разве вы не слышали, бывая в кирхе, что брак — это союз сердец, что это святое таинство, а не грязная махинация? К вашей чести я хочу еще надеяться, что вы опомнитесь и придете в себя! Я думаю также, что и господин пастор...

— Мы уже всё решили, — перебил внезапно Штегвирт управляющего с внезапной твердостью, — и не для того сюда пришли, чтобы перед высоким судом выглядеть дураками. Мы твердо знаем, что мы хотим, и настаиваем на этом.

— И нам нельзя в этом помешать, — вставил энергично Леонард, который до этого момента вел себя совершенно спокойно, но после слов Штегвирта почувствовал вдруг внезапную уверенность, — и к тому же лучше сделать такой шаг перед свадьбой, чем потом.

— Вот именно, ты как раз попал в самую точку, — поддержал Штегвирт эту железную логику.

— Я не могу и не хочу вас насильно отговаривать, — ответил на это управляющий, — я просто хочу вам сказать, что это грех, и вам страшно будет стоять перед пастором, который будет вас благословлять. А ты, Бальбина, — обратился он по-дружески к названной девушке, — ты же самая красивая девушка в Бургзау, черты твоего лица так нежны и мягки, и это говорит о том, что сердце и душа у тебя такие же, твои прекрасные глаза глядят так приветливо, я бы даже сказал сердечно, и в них — сама женственность... Как часто моя супруга с удовольствием рассказывала мне, что она видела тебя в кирхе и что ты ей очень нравишься, и особенно своими прекрасными манерами. Ты вся такая домашняя, не как другие, которые живут только в свое удовольствие, ты же живешь только для работы и для своей матери... Как же ты сможешь иметь уважение всех порядочных людей, если без всякой необходимости выйдешь замуж только по той простой причине, что земля жениха примыкает к твоей. О нет, я в это не могу поверить, этого не может быть!

Пока управляющий произносил свою восторженную речь, Бальбина стояла как каменная, опустив глаза. Бригитта же, совершенно подавленная от восхвалений, обращенных к своей подруге, вдруг внезапно пробудилась и обратилась к управляющему даже несколько вызывающе:

— Она уже всё решила совершенно определенно, и мы думаем, как одна, так и другая. Я выхожу замуж за Штегвирта или ухожу в монастырь!

— В таком случае мне больше нечего сказать, — сказал управляющий, резко нахмурившись, — подавайте новые заявления, но если случится с вами несчастье, то пеняйте на себя! Я вас предупредил, и впредь вы не будете заслуживать сострадания! А теперь идите!

Молодые люди повернулись как по команде и через минуту были уже за дверью.

— В жизни своей не видел я ничего подобного! — воскликнул управляющий, оставшись наедине с Грюнайзеном.

— Как звери, — пробормотал Грюнайзен, — как звери...

— Ну, что я всегда говорю о крестьянах? — снова начал было управляющий. — Вот моя жена считает, что я очень строго и слишком бессердечно сужу! А я думаю просто, что причина в том, что нет хороших школ. Школьные занятия могли бы помочь...

— И палка, — добавил бывший капрал. — Ваша честь, Вы так снисходительны, так благородны... В армии я видел, как из таких отщепенцев отличных людей делали. Если бы я был управляющим, я бы обращался с крестьянами, как с турками, и вот тогда дело бы пошло!

— Ну, да ладно, теперь пусть поможет нам Бог! — пробормотал управляющий, вздохнув. Я хочу скорее всё своей жене рассказать. И с этими словами он поспешил домой, в свои покои.

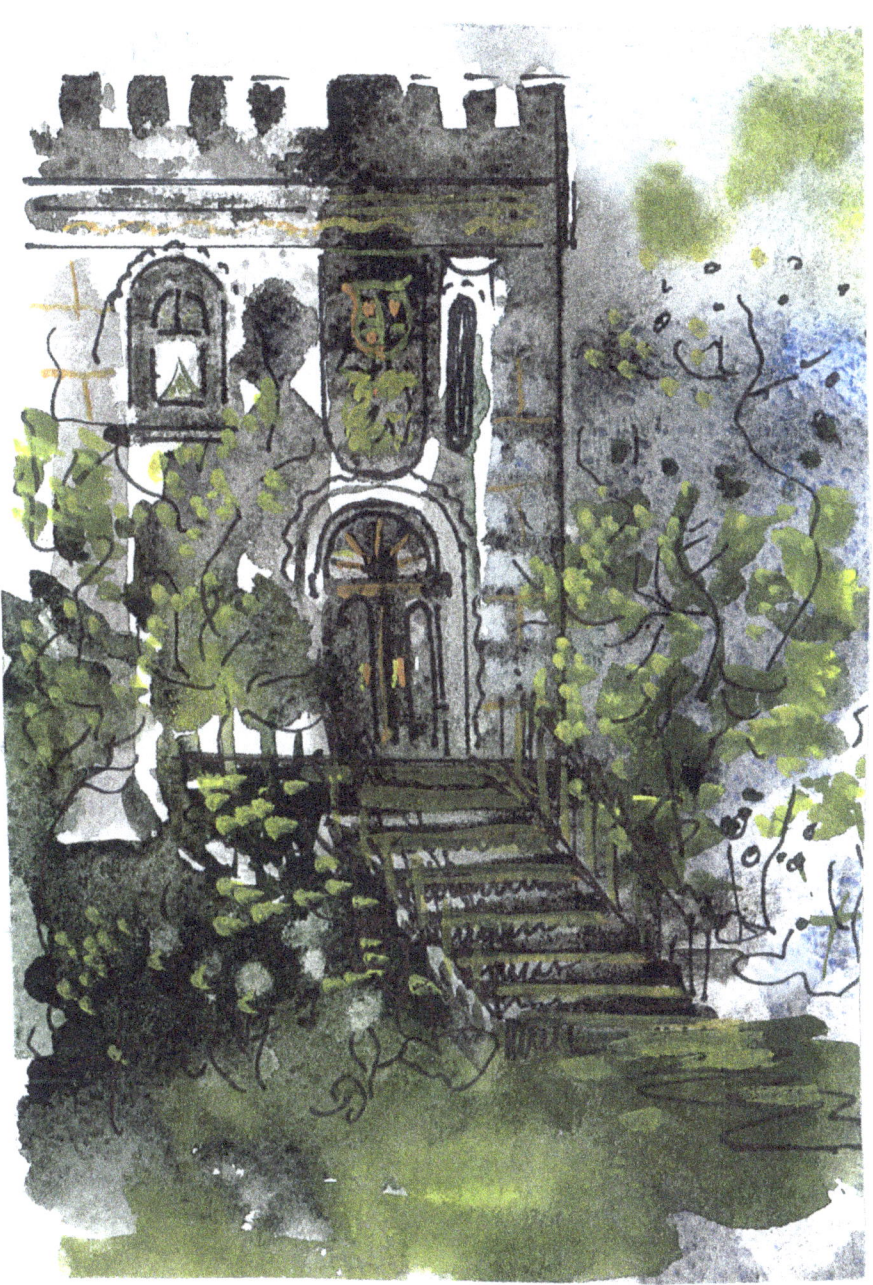

Глава 2

Верхняя часть величественного горного склона с прекрасными высокогорными лугами и буковыми лесами, поднимающаяся примерно на пять тысяч шагов до крутых откосов гор, где уже ничего не растет, называется Оберангер, а нижняя его часть — Унтерангер. Узкая тропинка, зажатая каменной тесниной и напоминающая высохшее русло горного потока, ведет к дому Леонарда, расположенному в получасе ходьбы от основания долины, а ещё выше, на расстоянии примерно в два раза большем, чем до дома Леонарда, стоит дом Бальбины. Он находится на самом высоком месте нашего романтического Бургзау и в полутора часах ходьбы от самого городка.

Через несколько дней после упомянутого судебного заседания, в полдень, когда солнце буквально испепелило всё вокруг своими лучами, как это обычно бывает здесь в это время лета, Леонард пришёл домой ,после каких-то своих дел. Уже издалека скинул он свою шляпу с покрытого потом лба на деревянный стол, стоящий под большим буком, а сам бросился на скамейку. Казалось, что он дошёл до дома из последних сил...

— Ханзель, Ханзель! — громко позвал он своего слугу. Пришёл Ханзель. Это был среднего роста худощавый, моложавый мужчина, весь печально-флегматичный, вид которого говорил о том, что его очень тяготит та грязная работа, которой он вынужден заниматься.

— Был ли ты в Оберангере? — спросил его Леонард.

— Конечно, ещё на рассвете, как только ты меня послал туда.

— Где бумага? — резко спросил Леонард.

18

— Я её в пекарне оставил.

— Ну, так принеси!

Не успел Ханзель принести бумагу, как Леонард выхватил её у него из рук и мгновенно пробежал глазами.

— Дурак! — бросил он, снова сложив бумагу. — В прошении нет подписи. Для чего я тебя посылал к Бальбине?

— Я, конечно, дурак, — ответил Ханзель со спокойной убежденностью, — и я не знаю, подписала ли она, раз ты из всех умников именно меня послал!

— Заткнись, — прикрикнул на него снова Леонард, — она ждала бумагу и знала, что должна её подписать. Ты со своим тарабарским языком вечно ничего толкового сделать не можешь!

— Если она знала, что должна подписать, и не подписала, — возразил Ханзель, — то она, наверное, лучше меня знала почему, и я тут ничего испортить не мог.

— Ну, давай, расскажи-ка мне, как ты ей бумагу передал? — спросил Леонард.

— Ну, ничего особенного не было, я ей ни одного словечка и не сказал, — прозвучал странный ответ, — и она, значит, не могла ошибиться.

— Ну вот, ну что я сказал? — закричал Леонард срывающимся от гнева голосом, поднявшись со скамейки и обрушившись на слугу со стиснутыми кулаками. — Уши тебе оторвать мало!

Ханзель оставался стоять неподвижно как столб, хотя твердо знал, что угрозы не могут долго оставаться без последствий.

— Что мне нужно было ей сказать? — сказал слуга с прежним спокойствием. — Она стояла у окна и видела, как я вхожу во двор. «Так значит, ты принес бумагу, — сказала она безразличным голосом, увидев меня, и, конечно, догадавшись, что именно я принес. — Ну, так пошел прочь, уходи, — продолжала она на одном дыхании, — я не подпишу! Так и скажи дома, что я не подпишу!» И она тут же отбежала от окна.

Леонард вздрогнул, черты его лица изменились, как если бы он вдруг вспомнил что-то страшное, и он уставился в одну точку перед собой.

— Ну вот, — сказал Ханзель, — теперь тебе нечего мне больше сказать, — я свое дело сделал как надо. И с этими словами он отправился в свой сарай обратно. «Может быть, Бальбина передумала? — пробормотал Леонард, — тогда уж лучше мне свой лоб об этот бук разбить! Нет, нет... Она ведь перед судом стояла, и я только вчера с ней говорил... Нет, нет, этого не может быть, вероятно, она не подписала по какой-нибудь незначительной, пустячной причине». Леонард прислонился к дереву и, хотя он ещё не совсем отошёл, лицо его прояснилось и приняло выражение обычной своей беззаботности и легкомыслия.

Это был очень красивый молодой человек, высокий, статный, в общем, настоящий образец силы. На правильно очерченном лице сверкали темные, горячие, жизнерадостные глаза, лицо загорелое, нос тонкий и благородно изогнутый, лоб, как у античной скульптуры, окаймленный блестящими черными вьющимися волосами, и прекрасно очерченный рот, полный великолепных зубов, затененных подвитыми усами. Когда стоял он в куртке, с легко повязанным на шее платком, в подбитых гвоздями горных ботинках, шерстяных гольфах и коротких, до колен, брюках, это была модель прекрасного горца. Но если Леонард был в ярости, обычное выражение его лица беспечной молодости становилось совершенно другим. Приветливые радостные живые глаза становились тогда неподвижными, великолепный гладкий лоб морщился, ноздри раздувались, как у загнанной лошади, рот растягивался в ширину, как если бы он хотел что-либо схватить или откусить, и тут это уже был настоящий бандит, который что-то замышляет или уже приводит в исполнение. И тогда можно было увидеть на его лице дикую ярость, которая, впрочем, ещё ни на кого не обрушивалась, хотя в его жизни уже не однажды бывали различные испытания. При этом, тем не менее, нельзя не сказать и о том, что из-за своего веселого нрава мог он быть и расточительным, но, выпив и разгорячившись, бывал и задиристым.

Пара ростовщиков могли бы рассказать о нём такое, что совершенно убило бы его в общественном мнении. Вообще-то он считался одним из самых обеспеченных людей в Бургзау, потому что он вел роскошную жизнь, которой удивлялись все в округе, но никто и не предполагал, что его земля уже давно заложена и перезаложена. Впрочем, это была старая история. Леонард был в больших долгах, и срок выплаты платежей заканчивался через четыре-шесть недель. Таким образом, если он не найдет средств для погашения долгов, его ждет банкротство. Вот это-то его плохое материальное положение и объясняло, в частности, его любовь к самой богатой девушке в Бургзау, родители которой долгое время противились её браку с ним до тех пор, пока Штегвирт не переменил свои планы и не сделал ей предложение.

Сам же Штегвирт, очень прилежный и очень работящий, но до крайности скупой и мелочный молодой человек, руководствовался в свою очередь, двумя очень прозаичными мотивами: во-первых, Бригитта была богаче, чем Бальбина, а, во-вторых, её дом был расположен по отношению к его хозяйству также, как Оберангер и Унтерангер у Бальбины с Леонардом, что для него было крайне важно.

Другое дело Леонард, который горячо и безоговорочно принял новое предложение Штегвирта. Он отказался от самой богатой девушки,, потому что у той был еще очень энергичный отец, и решился жениться на Бальбине, у которой была только старая больная мать, потому что она не могла бы помешать ему делать то, что ему заблагорассудится, и, в частности, приобретенное от женитьбы имущество использовать для покрытия своих долгов, ещё и распоряжаясь при этом своей свободой.

То, что слуга принес ему заявление о браке обратно без подписи Бальбины, было для Леонарда совершеннейшей неожиданностью и, прямо сказать, ударом. Он прислонился к дереву и долгое время сидел неподвижно. Тяжелая борьба шла у него внутри и не давала ему покоя. Прежнее хорошее настроение от мрачных предчувствий и злости развеялось. Он резко поднялся, схватил лежавшую на столе шляпу и, перепрыгнув через забор, направился к Бальбине, несмотря на то что солнце пекло всё сильнее и сильнее.

Её служанка была перед домом, когда он поднялся наверх.

— Где Бальбина? — спросил он внешне спокойно, хотя внутреннее беспокойство усиливало его и без того тяжелое физическое состояние.

— У белильни, — был ответ, — позади Трех Крестов!

Леонард мгновенно, как молния, повернул за угол и сразу увидел вдалеке, на расстоянии, меньшем, чем на оружейный выстрел, Бальбину. Она была на зеленой лужайке, где стояли три огромных креста, на одном из которых был Христос, а на других — два распятых вместе с ним разбойника, и поливала из лейки расстеленное на траве белье. Девушка не заметила появления Леонарда до того самого момента, когда он внезапно не оказался сзади неё и резко спросил:

— Почему ты не подписала?

Бальбина повернулась, вздрогнула, внезапно застигнутая за работой, но тут же взяла себя в руки, опустила лейку, повязала слетевший с головы платок и сказала твердо:

— Ты и сам мог бы догадаться!

— Догадаться? — прошептал Леонард, вздрогнув.

— Впрочем, тебе этого не понять, — ответила Бальбина, встав во весь свой высокий рост и отбросив всякое смущение, — я потому тебе так говорю, что я не хочу больше участвовать во всей этой торговле!

— Что это ты такое говоришь? Ты меня просто убиваешь!

— Отчего же, — ответила Бальбина спокойно, — всё равно я не верю в твою любовь.

— Любовь там, любовь сям... Эта старая песня здесь не подходит. Ты должна подписать!

— Я должна? — возразила Бальбина, гордо вскинув голову. — Мне даже смешно слышать, что ты говоришь!

— Да, ты должна, — вскричал Леонард в бешенстве, — потому что я из-за тебя Бригитту потерял!

— Ты бы всё равно не женился на ней, — бросила Бальбина с холодным безразличием, — однако, я думаю, что не стоит делать много шума из того, о чем можно просто спокойно поговорить. Я могу тебе рассказать, почему так получилось, и я думаю, что ты тогда не будешь на меня злиться, но, собственно говоря, даже если и будешь, тебе это всё равно уже не поможет.

— Ну, ну, давай... — воскликнул Леонард в некотором замешательстве, видя всё возрастающую решительность девушки. — Может быть, меня кто-то оклеветал?

— Да нет, — возразила Бальбина, — дело совсем не в том. Ты же знаешь, что у меня и до и после смерти отца было много женихов, но я никого не хотела знать...

23

— Я знаю это, — прервал её Леонард, усмехнувшись, — и даже знаю почему!

— Не прерывай меня! — строго сказала девушка.

— Однако, как это тебя задело! — воскликнул Леонард, оживленно и со злорадством блеснув глазами. — Ну, ну, говори дальше!

— На последнее Сретенье, — продолжала Бальбина после небольшой паузы, — мне было уже двадцать два года. Тут и сказала мне мама, когда я как-то раз пришла из кирхи: «Почему ты не выходишь замуж? Ты уже не так молода, а я уже старая и не могу больше вести хозяйство. К тому же я больна и ты можешь раньше, чем думаешь, остаться одна. Нашему дому нужен хозяин, выходи замуж, послушай меня! Вот, например, Штегвирт — порядочный, деловой мужчина, и я слышала, что он давно на тебя глаз положил, выходи за него, всё равно никто заранее не знает, как у кого жизнь сложится...» Так она твердила мне все дни подряд, и я думала-думала и решила уступить её просьбам и привести в дом мужчину. Вот так и получилось, что я согласилась выйти замуж за Штегвирта. И так бы оно и было, если бы в последнее воскресенье он бы не предложил новый план. Только имей в виду, что всё это только потому, что я обещала матери привести в дом мужчину!

Последние слова она произнесла с особенным ударением, чтобы Леонард не подумал, что она льстит ему, обещав на этот раз именно за него выйти замуж. Пусть знает, что она просто сдерживает обещание, данное матери.

— Ну и что же дальше? — спросил Леонард с мучительным напряжением.

— Вот сейчас я и скажу тебе самое главное, то, что для меня очень важно, — продолжала Бальбина, — в суде я готова была сквозь землю провалиться от стыда, но всё-таки я выстояла там и сказала тебе «да», мне это было как волос из головы вырвать. Даже ещё вчера я согласилась с тобой, но сегодня я уже думаю совершенно иначе. У меня была ужасная ночь, и я решила, что никогда так не сделаю, даже если мой покойный отец выйдет из гроба и, показавшись передо мной в саване, будет просить меня за тебя замуж выйти с тем, чтобы освободиться из адского пламени!

Черты её прекрасного лица, обычно выражающие кротость и душевный покой, и огромные темно-голубые глаза, затененные длинными черными ресницами, совершенно изменились из-за внутренней борьбы, но её красота ее была столь безукоризненной, что даже в таком возбужденном состоянии её лицо светилось по-новому и все равно приковывало к себе внимание.

— То, что ты сейчас сказала, для меня ужасно, — сказал Леонард, несколько смягчившись, в порыве чувств от ее красоты, но совершенно разбитый от ее последних слов.

— Однако, — снова начал он, распаляясь, — почему же ты всё-таки так внезапно свое слово обратно взяла, вот что я не могу понять? Может быть, потому, что ты заложила свою душу перед Богом и всеми святыми за возвращение Вайта?

— Ты опять за свое? — попробовала урезонить его Бальбина раздраженно и зло.

— Ну, ладно, ладно, а теперь скажи мне, почему ты сейчас, на другой день, не идёшь навстречу пожеланиям и воле твоей матери? — быстро и нетерпеливо возразил Леонард.

— А потому я взяла свое слово обратно,— сказала Бальбина в тоне раскаяния и подавленности, — что мне речь господина надворного советника в самое сердце вошла.

— Да это же просто смешно, — возразил Леонард, — ты же знаешь так же хорошо, как и я, что духовные лица всегда читают проповеди, а начальники всегда бранят за недостойное поведение! Если ты говоришь, что господин надворный советник прав, то я не хочу на этот раз «нет» говорить, потому что на меня его увещевания совершенно не действуют. У меня совсем не такие основания, как у Штегвирта, — он перешёл вдруг на более мягкий и сердечный тон, — ты мне всегда больше, чем Бригитта, нравилась, и я был бы последний дурак, если б не понимал, что ты лучше всех. Ты же видишь, что я не погнался за выгодой, когда её оставил, потому что ты ведь знаешь прекрасно, что она богаче тебя? И потом, я не побежал к другой девушке, у которой дом по соседству, или ты и впрямь думаешь, что это только потому, что наши дома рядом? Нет, моя любовь гораздо сильнее, чем ты думала, и, может быть, ещё и сейчас думаешь. Я ещё раз повторяю тебе, что ты мне очень нравишься, и что я хочу жениться на тебе даже, если всё твоё состояние только эта лейка!

— А я, — бросила в ответ Бальбина, — не хочу тебя брать в мужья, потому, что ты таскаешься по всем дворам и пастбищам, какие только есть в Бургзау!

Это было для отчаявшегося жениха уже слишком, и он был готов уже разразиться гневом, но сказал с притворным лицемерием:

— Я не могу в это поверить. Мне кажется, что ты должна ещё раз всё хорошенько обдумать.

— Ты говоришь на ветер, — был ответ.

— Мы так подходим друг к другу, — запел он снова, — ты высокая и я высокий, то, что тебе нравится, то и мне приятно, наши дворы расположены так, что так и просятся быть одним двором... и вообще мы просто созданы друг для друга! Я тебе даю время до утра, чтобы подумать!

— Я в этом не нуждаюсь! — бросила в ответ Бальбина.

— Ну, что ты, право, в самом деле! Ну, будет тебе, моя дорогая Бальбинхен, — вздохнул Леонард.

— Ты ничего не добьешься, — сказала Бальбина, и, указав пальцем на каменную глыбу, которая виднелась вдали, добавила, — так же, как тебе не удалось бы сдвинуть с места эту глыбу!

Леонард не мог больше сдерживаться. Ужас от того, что его дело проиграно, привёл его в ярость, и вот тут скрытый бандит проявился во всем его облике.

— Ты — клятвопреступница, — набросился он на неё, — и недаром за тобой водится плохая репутация. Ты так одиноко и скучно живешь, потому что, наверное, тебя к этому какие-то тяжкие обстоятельства принуждают, а, может быть, даже над тобой проклятье висит. Нет, ты не из упрямства не выходишь замуж, раньше ты не так мужчин ненавидела, как сейчас. Вайт тебе очень нравился и даже больше того. Не только я, но и другие видели часто, как он к тебе ночью прокрадывался, и там, у песчаных карьеров, бродил он вокруг, пока не настанет утро. Только один он у тебя в голове, только о нём ты думаешь, и, если никто не знает, почему он скрылся или совсем исчез, то ты-то это отлично знаешь. Жди, жди его! Но, прежде чем он придет, ты станешь старухой, а ещё до того, еще намного раньше, всё ваше убогое хозяйство пойдет ко дну!

Он сделал движение, как, если бы хотел наброситься на Бальбину, но сдержался, сорвав свою злость на её лейке, которую отшвырнул сильным толчком ноги. Потом он резко повернулся и пошёл прочь, но не обычным путем, а срезав дорогу, спустившись вниз по откосу горы.

Солнце уже почти закатилось, золотились лишь вершины гор, когда Леонард после длительного изматывающего бега оказался на Бургзауском рынке, сзади которого, за поворотом, находился трактир Штегвирта. Именно в этом направлении шел Леонард, не чуя под собой ног и не видя ничего впереди. Однако, дойдя до него, он прошёл мимо и перешёл довольно широкий мостик[2] над диким горным ручейком и давал имя, как трактиру Штегвирта на левом берегу, так и хозяйству Штегбауэров на правом. Поднявшись повыше, на небольшой пригорок, оказался Леонард прямо перед домом Штегбауэров.

Бригитта, девушка лет двадцати, на вид совершенно обыкновенная, но очень приветливая, пропалывала грядку. Настроение у неё было прекрасное, и она звонко пела весёлую песенку.

— Кто это к нам пожаловал? — спросила она с шутливым изумлением.

Леонард, у которого уже не было ни сил, ни времени дойти до калитки, остановился у деревянного забора высотой в половину человеческого роста, огораживающего двор.

— О, Бригитта, я самый несчастный человек на свете! — воскликнул он.

Бригитта вспрыгнула на его возглас, подбежала к внутренней стороне забора и встала перед ним.

— Что это с тобой? — сказала она, увидев его красное, разгоряченное лицо. — Ты, что ли, здорово выпил?

— Только ты, только ты можешь мне помочь, — жалобно застонал он.

— Что же я должна тебе кровь пустить, чтобы тебя удар не хватил? — ответила ему Бригитта шаловливо.

— О, до чего же ты хороша, до чего же ты мне нравишься, — воскликнул Леонард, — Ну, какой же я идиот!

---

[2] Мостик — Steg (нем.)

Я мог бы быть сейчас с тобой, если бы проклятый Штегвирт держал язык за зубами.

— Что же он такое тебе наговорил? — спросила Бригитта, совершенно не понимая в чем дело. — Ну, давай, говори быстрей, не тяни вокруг да около!

— Ах, Бригитта, — начал Леонард, приготовясь высказать всю свою боль, — я раскаиваюсь во всём том, что мы вместе совершили. Это ужасно! Я хочу все волосы себе на голове вырвать! Только сейчас я понял, как я к тебе привязан, а должен взять в жены другую... Эта Бальбина, которая всегда делает такое лицо, будто сегодня страстная пятница, и ты, всегда такая милая и сердечная, всегда готовая пошутить и подурачиться, вы совершенно разные, разные, как жизнь и смерть. Я не могу на ней жениться, я ей это уже сказал, из этого ничего не выйдет!

— Но ты можешь и не жениться, — перебила его Бригитта, — господин пастор ещё не дал благословения.

— Ты что-ли со Штегвиртом тоже ещё не получила? — быстро спросил Леонард.

— Я, конечно, тоже не получила, но я хочу этого и выйду за Штегвирта замуж!

— Ну и ну, — воскликнул Леонард, усмехаясь, — и ты можешь полюбить такого коротышку, такого скрягу и жадину?

— Он, конечно, не такой красавец, как ты, — пылко возразила Бригитта, — однако трудолюбивый, экономный, порядочный, чего о тебе нельзя сказать! Но я ещё и потому хочу за него замуж выйти, что он имеет трактир, в котором я буду хозяйкой, а в трактире всегда очень людно и вообще много всяких развлечений. Крестьянкой я с детства была и сыта уже этой работой по горло. Я не хочу, пока не свалюсь, на своих родителей работать и для мужа своего не желаю такой замкнутой и безрадостной жизни. Я всегда мечтала хозяйкой в трактире быть и теперь, когда это становится возможным, я должна отказаться от своего счастья? Нет, уж лучше умереть! Я буду хозяйкой и, чем раньше, тем лучше. Ты что же думаешь, дурак, что я при обмене сказала бы «да», если у Штегвирта не было бы трактира?

— Так ты, что же, уже подписала? — нерешительно спросил Леонард, побледнев.

— Давно, — был ответ, — бумага уже два дня, как в суде.

— Ах, вот как! — Леонард от полученного ответа весь подался вперед, да так, что толкнул забор и две рейки с треском сломались.

— Да, что с тобой? — вскрикнула Бригитта.— Ты так весь двор разнесешь! Как могло это тебе придти в голову? Мы же договорились! Договорились, так договорились!

— Напрасно ты так думаешь, ты заблуждаешься!— вскричал Леонард совершенно дико, хотя он только наполовину знал, что сможет повернуть дело вспять.— Наш прежний договор ещё у меня в кармане, и я начну страшный процесс!

— Да, пошел ты! — расхохоталась Бригитта — Все же просто со смеху помрут!

— Нет, нет,— продолжал Леонард, — я могу сказать и доказать, что меня Штегвирт напоил, чтобы только договориться, и я был совершенно пьяный, когда сказал «да».

— Однако, — сказала девушка убежденно, — на другое утро ты стоял перед господином надворным советником совершенно трезвый. Не болтай попусту, ты отказал мне, я отказала тебе, и теперь ты меня не получишь!

— Это черт меня попутал, — проговорил Леонард, стуча себя в грудь от отчаяния.

— Ну, нет, — возразила Бригитта, — я не позволю бросать себя из одних рук в другие. Делай сейчас, что хочешь, но только больше сюда не приходи. Здесь для тебя всё потеряно! И с этими словами Бригитта убежала в дом.

Шатаясь как во сне, совершенно отчаявшийся, Леонард возвращался домой. Первый раз в жизни он прошёл мимо трактира Штегвирта, туда не заглянув.

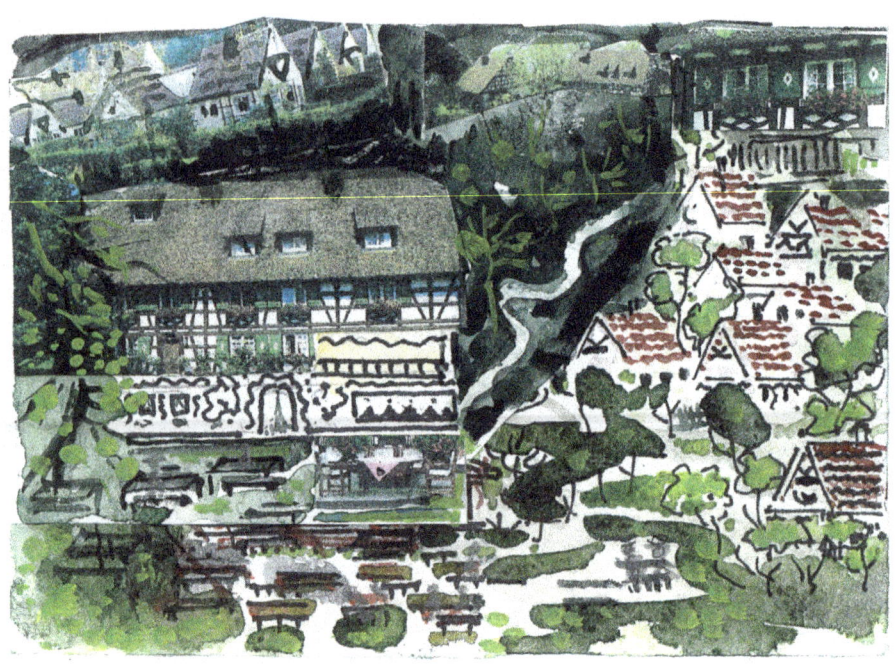

Глава 3

Сам же Штегвирт, как и положено настоящему жениху, уже почти все приготовления к своей свадьбе с Бригиттой сделал и был так счастлив, как только может быть счастлив молодой человек в таком положении.

Это был маленького роста, худощавый, очень проворный мужчина лет тридцати, очень прилежный, очень экономный, вернее даже экономный до скупости. Вообще он весь скорее походил на мальчика, который вдруг стал старым брюзгой. В его глазах и во всём его облике лежала постоянная печаль, все черты его лица носили печать неудовлетворенной потребности заработать денег больше, чем в этот день приходило. Только, если трактир был полон до отказа и от беспрестанного обслуживания его бросало в пот и он задыхался, казалось ему, что все идет хорошо, и только тогда он был счастлив, но, если проходил час и не было ни одного клиента, тогда он сразу впадал в глубокую меланхолию,

Его старая выцветшая одежда, состоящая из пиджака и потертых брюк, и грубые ботинки не могли украсить его и без того убогий вид и скорее напоминали о бедном подмастерье в княжеской пивоварне, которым он был ещё два года тому назад, до того, как сам вступил во владение трактиром.

Вступлению же во владение всем домом вместе с трактиром предшествовали следующие обстоятельства. Прежний хозяин умер, не успев похоронить свою жену, будучи ещё совсем молодым, оставив двухлетнего сына как своего прямого наследника. Согласно оставленному завещанию, при таких обстоятельствах всё хозяйство переходило к Штегвирту как его дальнему родственнику, но при условии, что, как только ребенок достигнет совершеннолетнего возраста, всё наследство должно снова перейти к нему. Бедный подмастерье был, конечно, этим завещанием глубоко удовлетворен, поскольку это обеспечивало его еще на двадцать два года.

К тому же в Бургзау при наличии такого имущества и при умелом ведении хозяйства можно было за этот срок сколотить и свое собственное состояние.

Был в завещании оговорен и такой случай, что, если ребенок умрет до наступления совершеннолетия, то Штегвирт все права на наследство теряет, и оно переходит к тетке умершего как единственной наследнице. Завещатель к тому же еще, намеренно или случайно, препроводил свое завещание пророческим условием, что оно имеет силу только при условии хорошего, бережного ухода за ребенком.

Сверх всех ожиданий, уход за ребенком действительно был очень хороший. Штегвирт любил мальчика, он был для него отцом и опекуном одновременно и к тому же, сверх всякой меры. Сам по себе не нежный по натуре, здесь он был и трепетным, ласковым отцом и чуть ли ни нежной заботливой матерью. День и ночь присматривал он за ребенком, несмотря на то что у ребенка ещё была няня, и никогда не забывал о нём в суматохе дня. Самое главное, что он при этом не считал, что приносит себя в жертву, что это для него обуза и что ему тягостно вести такую жизнь до совершеннолетия мальчика.

Эта чрезмерная любовь требовала, однако, и большого терпения, так как подвергалась ужасным испытаниям, потому что ребенок был очень хилый, слабый и нуждался поэтому в особой заботе, что и наполняло сердце приемного отца постоянным страхом за него.

Звали мальчика Тони, и было ему в это время четыре года. *Личико у него было худенькое и бледное, и сам он тоже был худой как щепка, да и к тому же ещё и слабонервный.* Самым важным для него при таком здоровье был покой. Слезы и волнения причиняли ему такой вред, что домашним ничего не оставалось делать, как сразу выполнять все его капризы. Поскольку при безграничной любви Штегвирта этот метод не имел границ, Тони рос упрямым и избалованным ребенком и уже в своем возрасте прекрасно знал, что криком и слезами можно всего добиться. Обычными средствами, которыми можно было его успокоить, были сладости, а, особенно, сахар, из-за которого его с легкой руки Штегвирта прозвали Цукертони[3].

Было жаркое послеобеденное время. Чтобы закончить все приготовления к свадьбе, Штегвирту нужно было ещё только украсить сам дом. В основном всё уже было сделано, не хватало только фресок, которыми в этих местах украшают дома с фасадной стороны. Эту работу выполнял местный художник Петэр Аурингер, который делал это с высочайшей виртуозностью. Это был старый, но ещё крепкий мужчина, автор несметного количества Мадонн и святых здесь, в Бургзау, которые несомненно указывали на его творческую индивидуальность. Народ, любящий крепкие словечки, прозвал его Шмирпетэр[4], и он эту кличку постоянно оправдывал. Собственно говоря, он получил ее не из-за недостатка мастерства, а из-за своей хитрости, которая заключалась в том, что он имел привычку сначала взяться за работу за небольшую плату, а потом предлагал нарисовать побольше еще других картин, о которых заказчик раньше и не договаривался.

---

[3] Zucker — сахар (*нем.*).
[4] schmieren — мазать (*нем.*).

Шмирпетер сидел на подмостях над воротами и рисовал одну из запряженных в карету лошадей.

Своему же подмастерью, который сидел рядом на лестнице, он доверил рисовать по шаблону арабески и бордюры.

Появился Штегвирт. Свой первый взгляд он бросил на столы и скамейки, которые стояли под старыми кленами и оставались еще пустыми.

— Ну просто ни у кого нет сердца, — вздохнул он, а потом, посмотрев на художников, добавил, — только вы вдвоем, да и то ни с чем! Ну, так я вас сейчас обслужу! Пейте!

С этими словами он протянул художнику лабетрунк[5] и хотел было уже уйти обратно в дом, когда заметил, что ещё двое гостей заняли недалеко места. Штегвирт, конечно, мгновенно вернулся, чтобы и их обслужить. Один из гостей был помощник судьи Грюнайзен, которого мы уже знаем, другой — врач городка по имени Вайсбарт, который лечил и людей и животных скорее больше на основании купленного им права, чем медицинских знаний.

— Ну, куда же ты запропастился? — ответил Штегвирт Грюнайзену на его приветствие. — Если уж такой завсегдатай как ты пропал, то, что же говорить о других!

— Я на тебя зол по-настоящему, — сказал Грюнайзен, — и ты прекрасно знаешь почему. У меня просто нет слов! Господин надворный советник прав, и я тоже с ним совершенно согласен! Я не могу со всем этим примириться, у меня просто от души воротит! — закончил он в возмущении от переделки брачных заявлений.

— Да ладно тебе, — сказал Штегвирт дружелюбно,— вечно ты что-нибудь найдешь, чтобы поворчать. За это тебе будет от меня изысканная королевская лимонная водка! У меня она особенно вкусная!

---

[5] Labetrunk — освежающий напиток.

— Сначала мне кружку пива, — ответил Грюнайзен, всем своим видом показывая, что ему неприятно говорить на эту тему, — а уж потом стаканчик водки!

— Мне то же самое! — сказал врач, и, как только Штегвирт исчез, спросил Грюнайзена с любопытством. — О чем это вы говорили друг с другом?

— Да о женитьбе, — ответил Грюнайзен, — это совершенно дикая история, ещё только не хватало полицию вызвать... Однако наши законы такие мягкие...

Врач, немного поразмыслив, решил скорее поддержать сторону надворного советника, чем Штегвирта, которого он очень недолюбливал. Зависть и недоброжелательность вообще были основными чертами его характера. Это был маленький, очень толстый человек, с крупной головой на короткой шее, грубым лицом, окаймленным седовато-пятнистой бородой и неподвижными выпуклыми глазами. Всё это вместе придавало ему сходство с буйволом, которого ему по своей профессии приходилось частенько убивать, и который сам, в свою очередь, был заклятым врагом зубов, крови и людей, которые бреются.

— Послушай, Грюнайзен,— сказал он после короткого молчания, — ведь это действительно не раз плюнуть, видит Бог, все не так просто!

Грюнайзен проглотил ответ, потому что как раз в этот момент Штегвирт принес пиво и водку, но Вайсбарт, видимо, не хотел оставить начатую тему и обратился к Штегвирту, кивая на его художественные работы:

— Я смотрю, как ты стараешься, твой дом уже выглядит совершенно по-новому! Просто необыкновенно! Супер! Ты обскакал Леонарда!Я проходил сегодня мимо его дома, но дом все такой же грязный, как будто свадьба и не стоит перед порогом!

— Там ничего не выйдет, — выпалил Штегвирт, — я это точно знаю.

— Что за чёрт? — удивился Вайсбарт.

— Не будет этого, — повторил Штегвирт.

— Ну и дела, — продолжал доктор, — я просто своим ушам не верю.

— Штегвирт прав, — убеждённо подхватил помощник судьи, — я тоже думаю, что из этого ничего не выйдет, потому что Бальбина не хочет.

— А может быть, — проговорил со своих подмостей художник, — она ещё Вайта ждёт? Однако, скорее у меня вырастут зубы, которые у меня господин Вайсбарт вырвал, чем дождётся его!

— Мне думается, — сказал Штегвирт, — что от Вайта уже ни пылинки не осталось. В следующее Вознесенье будет уже шесть лет, как он исчез. Разве о нём кто-нибудь что-нибудь слышал? Ну, где он может быть?

— И я тоже так думаю, — согласился с ним помощник судьи, — мы ведь посылали ему приказ о поимке, потому что он без дорожных документов уехал, но даже если бы мы и не сделали этого, то, наверное, знали бы столько же.

— Наверное, он в пропасть упал, — сказал Штегвирт, — а уж там его лисы и коршуны сожрали.

— Ну, это мало похоже на правду, — проговорил со своих подмостей художник, — он был парень, хоть куда, и любил Бальбину, как и она его. Это ведь всему миру известно. Он был влюблён в неё до безумия, ведь я это знаю лучше всех, он исчез не без причины, а в чём дело, мы не знаем.

— Ничего не известно! — воскликнул Штегвирт.

— Странно, — начал Вайсбарт удивлённо. — Шесть лет тому назад, как раз перед Вознесением, когда я только что здесь поселился, я пару раз его видел и помню правда не очень чётко, но он, кажется, был очень красивый парень.

— Как Леонард, — констатировал Штегвирт, — если даже не ещё красивее, и примерно в его возрасте, сейчас ему было бы тридцать лет.

— Вы можете мне не поверить, — продолжал врач снова, — ведь я за всё это время ни разу о нём не вспоминал, но что же видел я однажды в начале этого года, когда делал обход своих пациентов и ехал в коляске к Штайнкирхе? На полпути встретился мне одноконный крытый экипаж, который направлялся в Бургзау, а в нём сидел молодой францисканец. Я взглянул на него, а это был лишь только один миг, мой конь даже остановился в этот момент, мне в голову пришла вдруг мысль, как если бы меня молния ударила — так это же Вайт!

При последних словах врача художник слез со своих подмостей и подошёл к столу говоривших.

— Ну и ну, — воскликнул он, — до чего же ловким должен был бы быть этот парень, чтобы францисканцем стать!

— Я вообще-то тоже так подумал, — сказал врач, — потому что францисканец показался мне как-то гораздо худее или щуплее, чем раньше Вайт был.

— А может быть, это действительно был он? — спросил Штегвирт с высочайшим интересом, сощурив глаза.

— Ты вроде как злишься на него, — заметил художник, — или, может быть, он тебе что-то должен?

— К сожалению, да, — ответил Штегвирт, — и даже целых десять гульденов. Вы же знаете, что я не привык чеки подписывать! И как только я мог ему просто так дать, да ещё в то время, когда я только подмастерьем в княжеской пивоварне был и каждый пфенниг считал? Не понимаю, просто совершенно нелепый поступок! В то время он ко мне всегда приходил и даже меня рисовал, там можете вы этого сорванца на стене и сейчас увидеть, он и себя там однажды углём нарисовал.

— Совершенно верно, я видел этот рисунок, — сказал Грюнайзен, — к слову сказать, очень похоже, а ведь всего несколькими штрихами...

— Да, — снова вступил в разговор Шмирпетэр, — он мог бы замечательным художником стать, если бы подольше при мне оставался! Такого помощника у меня больше никогда уже не будет! Ловкий он был, как если бы у него шесть рук было, одним словом, настоящий молодец!

— Святой Михаил, — сказал Вайсбарт, — который на кирхе изображен, так нарисован, как никто нарисовать бы не мог, это ведь все знают...

— Я это уже много раз слышал, — возразил обиженно Шмирпетэр, — однако люди глупы и к тому же совсем не помнят, что он же именно у меня учился.

— Ещё одну стопочку! — позвал Грюнайзен Штегвирта.

— И мне тоже! — попросил Вайсбарт.

Пока Штегвирт их обслуживал, поднялся такой крик, как будто кого-то резали. Штегвирт испугался, быстро закончил обслуживание и бросился к дому, потому что понял, что это кричит Цукертони.

— Ну что опять? — закричал он в окно комнаты, из которой доносился крик. — Ну, для чего я тебя держу, если ты позволяешь ребенку так кричать!

— Я не виновата, — прозвучал ответ няни.

— Не виновата, не виновата... — передразнил её Штегвирт, — играй с ним лучше, тогда он не будет плакать!

Цукертони, однако, никак не мог успокоиться и кричал так, что казалось его лёгкие могут лопнуть.

— О, Господи! Ему же нельзя так волноваться, делай, дура, что он хочет!

— Ну, что я могу ещё сделать? — обороняясь настаивала няня. — Он ведь хочет из постели вылезти, а это ему нельзя!

— Ему это действительно нельзя, — сказал Штегвирт, — это ему строго запрещено, потому что он очень болен. Лучше дай ему тогда кусочек сахара!

— Я давала ему уже, а он его выбросил, — был ответ, — вон он валяется на полу!

— Это мой крест! — застонал Штегвирт, заламывая руки.

— Ах, не так уж ребенок и болен, — сказал доктор, — иногда люди делают из мухи слона, чтобы потом можно было бы сказать, что всё дело в необыкновенном лечении!

Несмотря на это замечание, в котором прозвучала обида Вайсбарта на то, что не он был домашним врачом у Штегвирта, последний всё-таки спросил:

— Так Вы думаете, господин доктор, что ребенку можно вставать? Он ведь так действительно докричится до смерти!

— Ну, в общем-то я не вижу, чтобы он сегодня был простужен, — ответил доктор, вытирая со лба пот.

— Да выпусти ты его на двор! — крикнул Штегвирт няньке, и через минуту Цукертони в одних штанишках уже выпрыгнул во двор. Это был худенький и болезненный ребенок. Личико его, обычно бледное, сегодня как-то покраснело. Штегвирт нежно подхватил его на руки и направился к гостям.

— Вы только посмотрите, господин доктор, какие сегодня красные щёчки у моего Тони! Как вы думаете, отчего бы это?

— Ну, это я не могу сказать, — ответил Вайсбарт с обиженным выражением лица, — об этом надо спросить у своего домашнего врача!

В это время Цукертони выхватил у Грюнайзена трубку и закричал истошным голосом:

— Хочу это! Хочу это!

Грюнайзен пытался спасти свою трубку от похищения, но, как только ему это удалось, ребенок так разбушевался, что чуть было не задохнулся.

— Господи, Боже мой! — запричитал Штегвирт, беря мальчика снова на руки. — Успокойся, мой дорогой, тише, мой миленький, я куплю тебе всё, что только ты хочешь, самое красивое, самое золотое, только успокойся!

— А я хочу это! — кричал Тони и протягивал ручки к Грюнайзену, в то время, как Штегвирт уносил его обратно в дом.

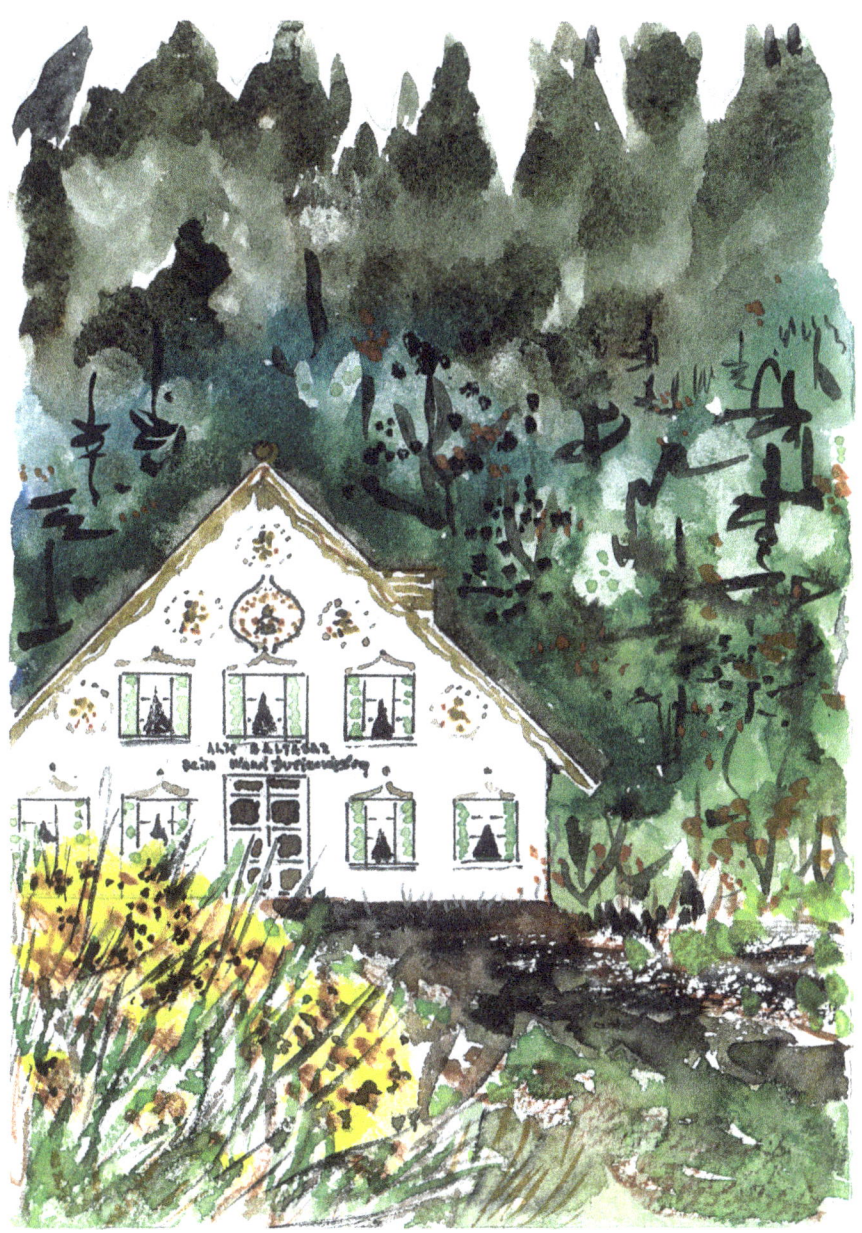

Глава 4

Бургзаузская долина замыкается с одной стороны величественной совершенно голой, абсолютно без растительности горой. Три ее, расположенные рядом друг с другом вершины сами по себе до крайности выветрившиеся, напоминают фантастические короны и возможно поэтому, может быть, ещё со времен первых христиан, жители долины назвали её Драйкёнигсберг[6]. На ее переднем плане видится неприступная, крутая, вся в трещинах стена, с которой беспрестанно сыплются камни. На ней ни травы, ни соломинки, так, что и ноге ступить негде, лишь кое-где, там, где просачивается вода, растет тоненький, похожий на плесень, мох.

Стена эта переходит в мрачное, чёрное ущелье, над которым, защищённая от всех ветров, на неровном болотистом основании бурно разрослась девственная растительность из всевозможных пород деревьев, папоротников и других болотных трав в тысячелетнем переплетении каменных развалин и сгнивших упавших деревьев. Место это ужасно само по себе и без жуткого наряда той истории, о которой пойдет речь дальше, хотя бы потому что его выбрали для своего пребывания саламандры, ящерицы и змеи, для которых постоянный запах гнили и холодный, спертый воздух очень подходят, а также ночные птицы, любящие ютиться в каменных теснинах. Ущелье это ещё и потому так особенно мрачно, что оно находится далеко от людей, довольно мало посещаемо, мимо него не проходит ни одна дорога, ни к лесу, ни к пастбищу. Тем не менее, у входа в него, возле небольшого ручейка, струящегося

---

[6] Dreikönigsberg — гора трёх Королей (нем.).

из ближних зарослей, стоит деревянный, в очень хорошем состоянии дом, построенный на месте развалившегося от старости барака. Весь вид этого дома говорит о том, что здесь живёт не совсем простой человек. Фасад дома расписан с необыкновенным богатством и, в частности, здесь изображены все святые, которые защищают именно от тех болезней, на которые часто жалуются жители Бургзау. Находящаяся в центре в окружении всех этих святых картина занимает самое почётное место. Здесь изображено воскресение Лазаря, одного из святых, который за много лет до настоящего времени удивлял всех своим чудесным лечением.

Эти шедевры, как вы, наверное, уже догадались, несомненно принадлежали кисти Шмирпетэра и выражали намерение автора хотя бы через полноту нанесения красок передать чувство непреходящего времени. Разумеется, сами по себе эти изображения, которые были для всех в здешних местах привычными, ничего бы не говорили, если бы не вывеска на доме «Старый Бальтазар у стены Драйкёнигсберг», что, в свою очередь, указывало на то, что здесь живёт величайшая знаменитость во всём Бургзау. Вот этот-то великий врач, когда-то одинокий и всеми покинутый, начинал как пастушонок у отца Леонарда, а потом, когда ему было уже тридцать лет, стал пастухом всего альпийского стада. Он был уже совершенно самостоятельным и пас стадо, в котором было около ста коров, когда однажды в Бургзау и рядом лежащих местечках случилась эпидемия, уносившая одну корову за другой и наводившая ужас на всю округу. По какой-то счастливой случайности именно его стадо было пощажено, и только он один единственный не понес потерь. Стадо Бальтазара осталось совершенно невредимым, как будто смерть, свирепствовавшая на соседних пастбищах, не отважилась перешагнуть за его забор. И действительно, это было совершенно потрясающее зрелище, когда осенью спустил Бальтазар свое стадо с гор, украшенное венками, со всеми положенными традиционными почестями. И это было единственное стадо, избежавшее злой участи. Люди, у которых ещё были свежи в памяти воспоминания о своих потерях, смотрели на Бальтазара, как на чудо, и считали, что это не просто случайность. Сам же он, когда у него хотели выведать секрет о том, какие средства он применял, вначале просто не давал ответа, а потом решил использовать сложившееся положение с выгодой для себя, приписав успех своим секретным медицинским знаниям. Вот таким образом он и стал самым почитаемым ветеринаром, в котором все в округе, конечно, в то время очень нуждались, а уж потом, заслужив общее доверие, стал и людей лечить. Постепенно он свои ветеринарские обязанности совершенно забросил и ухватился за новую специальность, о которой раньше и не помышлял, а по мере практики и сам уверовал в свои чудодейственные способности и постепенно набил свои карманы... Однако первые две трети своей тридцатилетней практики Бальтазар подвергался страшным гонениям, так как его предшественник, доктор Вайсбарт, боясь конкуренции, пришёл в совершеннейшее бешенство и вообще хотел его устранить путем судебных преследований. Период этот продолжался до тех пор, пока вышеупомянутый надворный советник господин Цинтнер не стал тайно привлекать Бальтазара к консультациям, после чего Бальтазар совершенно освободился от всех настойчивых притязаний, как местных, так и других узаконенных врачей. Исполненный же благодарности за лечение надворный советник не только сделал ему подарок в виде большой суммы денег, но вдобавок выдал ему ещё медицинский патент.

Вот именно из-за этого и текла затаенная злоба Вайс-барта против надворного советника, и глухая тайная злоба устремлялась также и на Штегвирта, который как один из самых платежеспособных жителей Бургзау выбрал себе в качестве домашнего врача не его, а знахаря.

Было ещё очень раннее утро, солнце осветило только верхушки гор. Бальтазар же уже давно встал с постели и занимался фармацевтикой, потому что потом он уже целый день должен был бегать от одного больного к другому. Он стоял в фартуке в своей кухне перед котлом и готовил питье, которое в Бургзау почитали как святую воду и держали во всех домах.

Бальтазару было семьдесят пять лет, но он выглядел так, что ему можно было дать и пятьдесят. Это был высокий, плотный мужчина, скорее полный, чем худощавый, всё ещё прямой, как свеча, с очень выразительным лицом и крупной головой. Высокий открытый лоб говорил об уме, а глубоко посаженные глаза, которые обычно имели мечтательное выражение, усвоили привычку долго и внимательно смотреть на собеседника. Эта верхняя часть лица, еще к тому же с красиво оформленным курносым носом, говорила о том, что вы видите перед собой не ординарного, а скорее необыкновенного человека, в то время как нижняя его часть настолько не подходила к верхней, что как будто бы принадлежала совсем не ему. Рот грубый, с толстыми губами, как звериный, и две глубокие морщины, которые пролегли с обеих сторон лица, как будто они вырезаны бритвой, говорили о том, что в Бальтазаре бушевали бурные страсти. Будет, однако, ошибочно на основании его внешности, разговора и всего его образа делать вывод о том, что он законченный деревенский Калиостро. Однако он пользовался очень хорошей репутацией и благодаря уму и силе воли, которые были написаны на его лбу, умел со своими вспышками гнева справляться и вовремя их погасить.

Был он холостяк, хозяйство его вела старая служанка, а общения с другими людьми, кроме как по профессии, он специально избегал, чтобы не поколебать от соприкосновения с ними свой нимб чудо-врача...

Бальтазар только успел растереть в порошок один из ингредиентов, который собирался бросить в котел, как услышал звук незнакомых ему стремительных шагов в прихожей. Перед ним стоял Леонард.

Запыхавшись, руки на двери, не сказав даже утреннего приветствия, в то время как лицо его выражало глубочайшее возбуждение, а в горячих тёмных глазах светилось дикое ожидание, он бросил с порога:

— Не могу поверить! Я слышал вчера, что Цукертони очень болен, может быть, это ты его...

— Так ты из-за этого сюда пришёл? — перебил его резко Бальтазар. — Ты у меня дождешься, что я на тебя в суд подам или просто кнутом за дверь выставлю!

— Да не ори ты и не делай так много шума из ничего, — ответил Леонард, наступая дальше,— почему бы мне не подумать, что на этот раз ребенок действительно серьезно болен?

— Глупости, чушь, — сказал Бальтазар, — кто тебе это сказал, тот он сам ничего не знал или просто тебя напоил. Ребенок в порядке, с ним ничего не случилось! Я вчера там был и смотрел его, желудок немножко барахлит, но это у него так часто бывает и сегодня не хуже, чем вчера.

Если они его опять сладостями не перекормят, так он опять прыгать будет. Ничего особенного не случилось, ровным счетом ничего!

— Ничего... — тихо произнес Леонард, на этот раз совершенно убитый.

— Совсем ничего, — продолжал Бальтазар, — однако твою дикую речь я больше не хочу слышать. И ещё прошу тебя переменить свой тон. Я здесь для того, чтобы помогать людям, а не губить их! И потом я совершенно не понимаю, как это тебе в голову могла придти мысль подозревать меня в таких делах? Ты разве знаешь за мной что-нибудь плохое или тебя просто чёрт попутал?

— Ты не можешь себе представить, — пробормотал Леонард уже извиняющимся тоном, — в каком отчаянном положении я сейчас нахожусь. Если бы мне сейчас на дороге сам живой Сатана встретился и свою помощь бы мне предложил, то я бы ни за что не отказался, да ещё бы за это Бога поблагодарил.

— Что ты несёшь? Да как ты можешь говорить такие страшные вещи? — сказал Бальтозар.— Ты же мешаешь Бога и чёрта вместе! Как ты смеешь, тебе это просто так не пройдёт! — возмущался Балтазар.

— Не думаю, — возразил Леонард, — я точно знаю, как мне быть, и что является для меня последним и единственным выходом-это Бригитта! Только её я должен снова иметь, а она меня! Она мне ясно и точно сказала, что, если бы у Штегвирта не было трактира и был бы он просто подмастерьем в пивоварне, она бы за него не пошла! Я получу её, а она меня, и только так и будет и никак не иначе, чтоб мне сквозь землю провалиться! Вот тогда сможешь ты от меня и должок свой получить!

— Ты всё рисуешь в худшем свете, чем есть на самом деле, — сказал Бальтазар, отставляя от огня котёл.

— Ты так думаешь? — воскликнул Леонард с некоторой надеждой. — Но я полагаю, что ты ошибаешься! Ты, наверное, не знаешь, что у меня ничего не осталось, ни одной соломинки. Один залог сожрёт все, спроси у нотариуса сам. Я к нему подмазывался, но он держит язык за зубами.

— Не получу я от тебя долг, ну и чёрт с ним, — продолжал Бальтазар, — тогда на этих пяти сотнях я ставлю крест. Слава Богу, я могу ещё сам свой хлеб заработать и это мое утешение.

— Ну, тебе это не трудно с твоими деньгами, — воскликнул Леонард, усмехаясь, — да и к тому же ты не так прост, не так давно ты у жены плотника последнюю постель описал!

— Но против твоего долга я ничего не предприму, — сказал Бальтазар, — потому что твой отец мне много хорошего сделал. Он всегда у меня перед глазами, и я не ложусь в постель, не помолившись за него!

— Мой отец действительно много хорошего для тебя сделал, — сказал Леонард, — ведь тебе было очень неплохо, когда ты у нас жил. Ты был просто попрошайкой, а со временем стал бы и нищим бродягой, если бы мой отец не взял бы тебя к нам, об этом мне моя мать часто говорила. Только благодаря моему отцу ты стал общинным пастухом, а потом и тем, кем ты стал сейчас. Если ты действительно хочешь быть благодарным, то не отделывайся только одними молитвами! Смотри-ка, Бальтазар, Цукертони всегда болеет и не выздоровеет даже, если и станет старше, всё равно он долго не проживет, и вообще его жизнь не жизнь. Ты ведь легко это можешь сделать, не успеет даже петух прокукарекать!

— О, Боже, что ты такое говоришь? — сказал Бальтазар, протягивая к нему руки в отчаянии. — Я не хочу тебя больше слышать! Приди в себя, образумься! Выкинь ты эти ужасные мысли из своей головы! Если ты хочешь такой ценой избежать своего несчастья, то ты в семь раз больше горя себе наживешь, и висеть тебе тогда с петлей на шее, но, видит Бог, что это уже не от меня! Я своим трудом честно прожил и честно до седых волос дожил. Разве я тебе сделал что-нибудь плохое или ты что-нибудь плохое обо мне слышал, что такое несёшь? Я лучше сам тебе свой дом отдам, и это то немногое, что у меня есть, а сам буду на чердаке жить!

— Ладно, — сказал Леонард, с трудом сдерживаясь, — ты мне действительно ничего плохого не сделал, но люди много болтают, да и ходят разные слухи...

— Болтают действительно много, — перебил его твердо Бальтазар, — но эта болтовня исходит от врачей, от этих дураков и вымогателей! Если бы я был тем, за кого ты меня принимаешь, почему же я тогда тебе „нет" сказал и отказался получить назад свои пять сотен гульденов? Почему? Я не тот, за кого ты меня принимаешь! Это ты со своим скверным характером просто на мне зло срываешь! И вот ты увидишь, что прямо с сегодняшнего дня я принимаюсь с особенным усердием поставить Цукератони на ноги. Ребенок здоров, совершенно здоров, вот только желудок пошаливает, только желудок! И это всё идет от лакомств, ни от чего другого. Вот ещё и сегодня я послушаю его и, если он только будет кушать, как надо, то будет совершенно здоров и будет, как рыбка, в воде плавать. Понял ты меня?..

И Бальтазар пошёл в соседнюю комнату, чтобы переодеться, так как было уже время делать ежедневный обход пациентов. Леонард же сидел молча, как человек, потерявший последнюю надежду на планы, которые совершенно расстроились, голова опущена, руки повисли, блуждающие глаза растерянно смотрят в пол... Прошло несколько минут, как вдруг снаружи послышался шум повозки, быстро приближающейся по каменной дороге. Бальтазар, услышав шум, поспешил к входной двери, переодеваясь на ходу.

— Кто бы это мог быть? — бормотал он, но дверь уже отворилась и Штегвирт, как безумный, ввалился в дом.

51

— Бальтазар! — вскричал он, рыдая и захлебываясь. — Мой Тони, мой бедный, мой дорогой Тони умер!..

И он сразу повалился на стоящий рядом чурбан для колки дров, обессилев от горя, плача и стеная. Леонард же, который был поначалу этой новостью совершенно ошарашен, продолжал неподвижно сидеть как пораженный громом, но его глаза, так же, как и у Бальтазара, который, как опытный врач должен был бы соблюдать покой, бегали туда-сюда со странным беспокойством.

— Умер, сказал ты? — были первые слова Бальтазара. — Я не могу в это поверить.

— Это так и никак не иначе, — застонал Штегвирт, — о, мой бедный, бедный Тони!

— Когда же это случилось? — спросил Бальтазар. — И как же вы ничего раньше не заметили, чтобы за мной послать?

— А неужели ты сам ничего не заметил, — прервал его Штегвирт, — когда вчера после обеда осматривал его?

— Ничего, совсем ничего, — ответил доктор, — я ему даже ничего не назначил, не велел принимать ни одной капли, — продолжал он, бросив при этом косой взгляд на Леонарда, который тот должен был бы понять, — не так ли, Штегвирт?

— О, я не знаю сейчас ничего, кроме того, что мой дорогой мальчик умер, и на меня обрушилось страшное несчастье. Поднявшись и вдруг увидев Леонарда, который сидел сзади него у плиты, Штегвирт воскликнул горячо:

— Ах, и ты здесь, оказывается, счастливчик! Ты теперь снова сможешь получить Бригитту, теперь она тебе не скажет «нет».

Леонард сидел молча, не изменив выражения лица.

— О чем это он? — спросил Бальтазар с интересом, но, не дождавшись ответа, продолжил прежний разговор. — Должно же было что-то произойти перед тем, как Тони умер. Очень редко бывает так, чтобы смерть пришла, а никаких симптомов до того не было.

— Это было так. Мы о смерти и совершенно не подозревали до самого того момента, как перед собой мертвое тельце увидели. Тони в тот вечер был неспокоен, что с ним часто бывало, но к полночи он крепко заснул. Однако в два часа ночи он вдруг проснулся, а черты его лица так изменились, и речь была такая странная что няня пошла меня будить. А как только я пришёл, и он увидел меня, то попросил, чтобы я принес ему голубя. Я побежал скорей и принес ему одного из голубятни, но тут он издал уже последний вздох. Я не мог в это поверить и ещё долго не смогу в это поверить! О, Боже, Боже!

— Так ты что же, пришёл, чтобы позвать меня к себе? — спросил Бальтазар.

— Я сам не знаю, — возразил Штегвирт, — я только хотел сказать тебе: приди и возьми с собой все имеющиеся у тебя средства, чтобы его спасти... может быть, это не смерть, а столбняк... но нет, нет, мой мальчик умер, и я хотел бы умереть вместе с ним!

— И с этими словами он, обливаясь слезами, выбежал за дверь.

— Тебе везёт, — прошептал Бальтазар Леонарду, проводив Штегвирта, чёрт что ли твои злые мысли подслушал и бедного ребенка жизни лишил.

— Так или иначе, — возразил Леонард, воодушевившись, — но мне это всё равно. Я получу Бригитту, а ты получишь свои деньги.

И повозка Леонарда загромыхала обратно с той же поспешностью, с какой она привезла его сюда к Бальтазару, а Штегвирт напрасно гнал свою лошадь, для того чтобы привезти домой доктора. Цукертони умер, и с этим ничего уже нельзя было поделать.

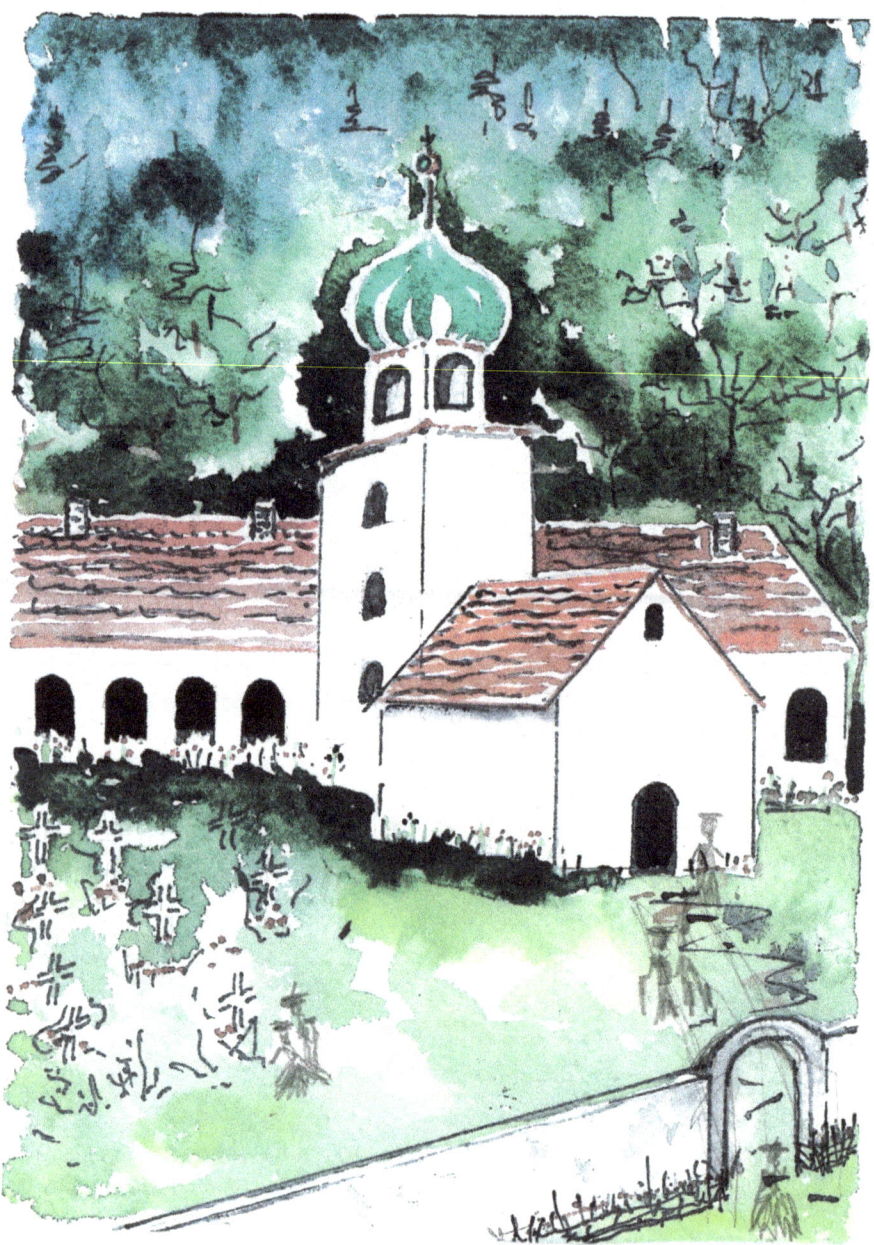

Глава 5

Наступил праздник Вознесения Марии. В этот день намечалось открытие и освящение особо почитаемой в Бургзау часовни Божьей Матери, которая из-за пожара уже десять лет как была закрыта а теперь заново отреставрирована. Для местных жителей это был большой религиозный праздник, который притягивал обитателей не только из самого Бургзау, но и со всей округи. Пока проводились восстановительные работы, души всех верующих были в постоянном напряжении, а головы пополнялись беспрестанно все новыми и новыми слухами то о роскоши главного алтаря, то о прекрасной резьбе, а главное, о богатстве стенной росписи, о которой говорилось даже, что она будет такой необыкновенной, что превзойдет всё, что было и будет изображено когда-нибудь как в верующих, так и в неверующих государствах, будь то у иудеев или у протестантов.

Почти в середине Бургзаузской долины на пологой возвышенности стоял францисканский монастырь, многовековое строение внушительных размеров в византийском стиле. Монастырь знал лучшие времена, когда здесь было от сорока до пятидесяти монахов и они, например, при таком большом наплыве набожного народа, как сегодня, занимались бойким попрошайничеством. В настоящее же время здесь было только четыре лютеранских пастора с настоятелем монастыря во главе да пара мирян. Вышеупомянутая часовня была более поздней пристройкой к монастырю и находилась прямо у входа во двор который одновременно служил и общему кладбищу. Теперешний настоятель монастыря удостоился чести не только выполнить реконструкцию часовни по своему вкусу, но и вообще сумел сделать это возможным.

Прекрасная погода в этот день благоприятствовала проведению такого большого религиозного праздника. Наплыв народа был так велик, что монастырская кирха, где обычно служилась месса и читались проповеди, просто не могла вместить всех желающих, поэтому многие люди стояли или были на коленях на свободном месте снаружи кирхи прямо под палящими лучами солнца.

Среди тех, кто молился снаружи, находилась и Бальбина со своей матерью, старой, сгорбленной женщиной, морщинистое и озабоченное лицо которой уже не оставило следов того, как она была красива и весела раньше. Однако, несмотря на годы и удары судьбы, лицо ее выражало глубокую сердечность. Мать и дочь стояли рядом друг с другом на коленях, углубившись в молитву и забыв про всё на свете. Вид и положение обеих говорили о том, что молитва это их духовная потребность и что они глубоко верят в то, что Бог им поможет. Дочь дрожащими руками держала молитвенник и не смотрела по сторонам, в то время как мать, несмотря на то, что усердно читала молитву, смотрела то на небо, то на Бальбину, как будто она молилась не за себя, а за нее, и для нее просила у Бога помощи. Со стороны казалась, что она так смотрела на дочь, что боялась именно за нее. Наконец сам праздник закончился и наступил момент, которого все ждали с нетерпением, — возможность осмотреть саму часовню.

— Я думаю, что нам лучше пойти домой, — сказала Бальбина как-то рассеянно.

— Что это с тобой, — удивилась мать, — как это ты можешь уйти просто так, не послушав службу и не осмотрев саму часовню?

— Может быть, ты и права,— сдалась Бальбина, — но я вижу, что ты совсем не понимаешь, как мне тяжело быть среди людей.

— Обещаю тебе, что мы не будем ни толпиться, ни протискиваться вперед, а просто медленно пройдем. Нельзя же всё-таки пропустить такое событие!

На этот раз, покорившись уже без всяких слов, Бальбина медленно повела мать через толпу, а сама постаралась затем скрыться и потерять ее из виду.

— Куда же ты? — взмолилась старая женщина, хватая дочь за платье.

— Всё это не доставляет мне радости, — возразила Бальбина, — и я благодарю Бога, что для меня это всё скоро кончится.

Не успев это договорить, она с неестественной для женщины решимостью пробралась через толпу. Мать думала, что она уже давно внутри часовни, когда сама только что подошла к ее двери. Здесь, у единственного входа, поток входящих и выходящих людей был особенно велик.

— Это невероятно, это просто великолепно, — сказал старый крестьянин, выходя из часовни и обращаясь к матери Бальбины, — иди вперед смелей и ты не пожалеешь!

— Неужели там так красиво, Михель? — спросила она его.

— Ну, как тебе сказать, соседка, — воскликнул Михель в экстазе, — главный алтарь, резьба — всё это, конечно, замечательно, но не это мне понравилось больше всего. Вырезанного из дерева ангела мы каждый день видим, а вот живопись на стене выполнена так, что ты как будто можешь руками взять то, что там изображено. Как только ты вступаешь в часовню, ты сразу видишь, что это рисовал не Шмирпетэр! Ты просто своим глазам не поверишь!

— Неужели? — воскликнула старая женщина, — Неужели действительно такая прекрасная роспись?

— Видишь ли, соседка, — ответил Михель, — собственно говоря, главное — это не сама по себе роспись, главное — то, что изображено. Вся стена часовни расписана во всю ширину и снизу доверху, и всё это не имеет никакого обрамления и не нуждается в нём. Я даже не знаю, с чем это можно сравнить, ты сама увидишь, что это просто чудо. Такое впечатление, что я сам поднялся на вершину Драйкёнигсберг и спускаюсь на своих старых ногах вниз! Ну, иди с Богом и ты не пожалеешь!

И действительно, стенная роспись, о которой шла речь и которая вызвала всеобщий интерес, имела потрясающий успех, как в выборе самой темы, так и в её исполнении. Среди простого народа, который восторгался росписью, были и понимающие в живописи люди, в том числе и господин надворный советник, высшие чиновники и духовные лица и, конечно, сам настоятель монастыря, который как настоящий знаток живописи и вообще тонкий человек назвал её даже величайшим произведением искусства.

Роспись представляла собой картину «Страшного суда» в новом и в некотором роде более одухотворенном понимании. Сам момент разделения на святых и грешников был изображен как бы в более позднее время, возможно даже позже на несколько столетий. Небо, занимающее верхнюю треть всей росписи, вопреки тому что на нём были изображены существа, наполненные совершеннейшим блаженством и беспредельным счастьем, выражало само по себе глубочайшее сострадание к тем, которые, возможно, были близкими этим избранным, а теперь на вечные времена попали в ад. Казалось, что нельзя было допустить, чтобы они оставались счастливыми, и даже сам Бог был изображен так, как будто он жалеет тех, кто подвергся его безжалостному суду.

Изображение же ада, на которое художник бросил всю силу своего таланта, являлось как бы отражением неба, но при этом удваивало его размеры. Здесь была представлена вся лестница мучений, художественное изображение горя, стенаний, плача, в общем всех страданий, какие только может вынести человеческое сердце.

Основные сцены были окружены маленькими сценками, иногда возвышенного, а иногда и юмористического характера. Так, например, в одной группе, богатой на фигуры, был изображен король со своей свитой. На голове у короля горящая корона, руки за спиной связаны, ноги в расплавленном серебре, а сам он при этом собирает налоги. Перед ним гримасничают страшные черти, одетые, как шуты, и выказывают ему глубочайшее подобострастие, а у его ног играют в мяч маленькие чертенята. Здесь же изображены и некоторые приближенные короля, которые, как видно, раньше были беспечны и безответственны, а здесь уже не так счастливы, как в прошлой жизни. Они спрятались от лап чудовищ в трусливом страхе за спиной монарха. Один из них весь сжался, как каучуковый, другая важная персона тащит чёрта в левой руке, как контрабас, на который она, как ни странно, сама похожа, в то время как правой она просто пилит заядлого музыканта, летящего за её спиной. Сам же король, совершенно оторопевший от таких эксцессов, и, в свою очередь, терзаемый собственными муками, стоит, тем не менее, очень мужественно, обратив глаза к небу, на которое он в прежней жизни рассчитывал, и которое теперь так его подвело.

В другом же месте виднелось озеро, над которым поднимались и взлетали высоко в воздух несметное количество крутящихся рядом друг с другом женских голов, изображенных в виде пустых шаров. Это были головы падших девушек, грешниц и других самых разных преступниц, в основном юных и красивых, на лицах которых было написано выражение испуга и отчаяния. Из глаз их капали слезы, похожие на жемчуг, которые собирались в чашу, напоминающую море слез. Само же озеро было огорожено со всех сторон скалами и заключено в глухое горное ущелье. Зеленая прозрачная вода и растущий по берегу безлиственный кривоствольный лес говорили о том, что место это находится высоко в горах. Ландшафт этот был выбран местом пребывания прелестной юной женщины в поэтически разукрашенной крестьянской одежде. Женщина летела с дикой поспешностью к берегу озера и даже ниже, прямо к его основанию, где находилась её любимая, нежная половинка, но потом возвращалась обратно в ужасе от того, что она там увидела. Ей как бы хотелось ещё раз взглянуть туда, но не хватало мужества и не было сил, потому что из воды виднелась ножка маленького, а может быть даже, грудного ребенка, который был брошен туда и утонул. Над головой и над распущенными волосами этой несчастной женщины вились фантастические насекомые, шершни, слепни и оводы, которые безжалостно преследовали свою жертву и очевидно символизировали собой страшные воспоминания и угрызения совести.

Вокруг этих главных сцен было изображено ещё много маленьких, богатых деталями сцен, которые были уже знакомы местным жителям по прошлым изображениям, но теперь как бы были перенесены в настоящее время.

Старый Михель был уже далеко, когда мать Бальбины только собиралась переступить порог часовни и войти туда, как вдруг из её глубины послышался страшный пронизывающий до костей душу женский крик, который потонул в шепоте толпы. Тут же движение толпы было приостановлено, чтобы люди могли расступиться и освободить место. Так и мать Бальбины тоже была отодвинута в сторону. Вскоре четверо мужчин вынесли на руках кого-то. Старая женщина, которая со своего места не могла ничего видеть, а только слышала крик, спросила парня, стоящего впереди:

— Уж не Бальбина ли это?

— Да, это она, — был короткий ответ.

Мать чуть было не упала в обморок, но всё-таки сумела добраться до колодца, около которого на траву положили Бальбину. Вид девушки был ужасен, она лежала бледная как полотно, без кровинки в лице, как будто мертвая.

— Ты не беспокойся, — сказал матери один из мужчин принесших Бальбину, когда та, плача и причитая, пыталась привести своего ребенка в чувство, — при такой жаре и в такой толпе это со всяким может случиться. Вон, мельничиха тоже упала во время службы, но она уже приходит в себя!

Для материнского сердца время шло медленно, пока, наконец, Бальбина шевельнулась, открыла глаза, села с помощью матери и какое-то время оставалась так сидеть, тяжело дыша и поникнув головой.

— Мама, с меня хватит, теперь пошли домой, — сказала Бальбина слабым голосом, тяжело взглянув на мать, — домой, домой! Я ведь предупреждала тебя, что мне тяжело быть среди людей! Ты сама во всём виновата!

— Ну, разве я могла подумать, что так будет... — вздохнула мать.

— Однако, — сказала Бальбина, внезапно круто повернувшись и посмотрев на мать сердито, — мы всё-таки не дома. Ну, куда же ты меня опять хочешь вести?

— Не говори так много, дорогая, — нежно попросила мать, прижимая к себе дочку, — у тебя ещё кружится голова, успокойся немножко и всё пройдет!

— Нет, — воскликнула Бальбина, внезапно резко поднявшись, — я здесь больше ни минуты не останусь, я уже не так слаба и хочу идти домой!

И с последними словами на губах она поспешила к выходу из двора часовни, оставив слова матери без внимания. Но, уже выйдя наружу, когда толпа людей немного поредела, она вдруг вернулась обратно к матери и сказала очень быстро, совершенно ошеломив её при этом:

— Люди! Я не могу быть ни с ними, ни среди них! Уж лучше в этот колодец броситься, чем быть среди людей! Я умру от стыда!

— Да не волнуйся ты так, — успокаивала её мать, — на тебе же просто лица нет! И это всё из-за того, что ты сама не своя. Мы можем сразу уйти отсюда, через заднюю калитку, если ты хочешь. Я не против, пойдем, Бальбинхен! И с этими словами она взяла дочку под руку, и они пошли вместе окольной дорогой.

— Ну, чего ты стыдишься? — прервала мать молчание, когда они вышли на дорожку. — Обморок — это не позор, это может с любым случиться, даже с госпожой надворной советницей или с самой королевой.

— Дорожка узкая, — ответила на это Бальбина, — оставь меня!

Она вытянула свою руку из-под руки матери и пошла вперед, сначала нормальным шагом, а потом всё быстрее и быстрее, не отзываясь на зов матери, и вскоре была уже на деревянной лестнице, ведущей наверх, а затем и совсем скрылась за откосом. Мать и не видела её больше, пока сама не пришла домой. Бальбина уже давно была в своей комнате, которая была расположена наверху, когда мать вошла в дом и поднялась к ней. Девушка была ещё в своей воскресной одежде, не сняв с себя ничего.

— Куда же ты пропала? — спросила мать с притворной улыбкой, в то время как сама со страхом оглядывала дочь.

— Слава Богу, что я уже дома, — сказала Бальбина и вдруг, придя в глубокое волненье, воскликнула, — больше меня отсюда никто не вытащит! Только тут я буду! Разве смогу я ещё когда-нибудь в жизни показаться открыто? О, какой стыд! Ах, лучше бы мне умереть, чем такое пережить!

— Ну, глупенькая... — хотела было начать разговор мать снова, но дочь её перебила:

— А ты сама разве ничего не заметила? Все указывали на меня, все поглядывали на меня, все в один голос открыто и скрытно говорили обо мне — „Это же Бальбина!“ И так они говорили без конца.

— О, не стой так, мама! Где были твои уши? И ведь так действительно и есть, это и есть я. Я и сама это собственными глазами видела!

Кто же это меня на стене часовни на вечные времена нарисовал? Долго-долго стояла я перед картиной, и мне не хотелось верить, что это я, но все люди вокруг твердили: «Это Бальбина», и я поняла, что это не сон, что это — я, это — я!

И Бальбина в полном отчаянии опустила руки, склоняясь к полу.

— Нет, нет, — возразила мать, видя волненье дочери, — это не ты, ни один человек этого не сказал, и никому это даже в голову не пришло, только тебе, и только потому, что ты сама не своя от сумасшедшего бега домой! Я слышала...

— А ты разве сама не видела и не нашла сходства? — спросила Бальбина.

— Я роспись действительно не видела, — сказала мать, — когда я вошла в часовню, тебя, мое несчастное дитя, уже выносили оттуда.

— Тогда ты должна была это слышать, — сказала Бальбина, — это же все в один голос твердили!

— Фантазии, это только твои фантазии, — возразила мать, — наша служанка тоже была в часовне, пойду-ка я спрошу у неё.

— Не ходи, я уже её спрашивала. Она лжёт так же, как и ты, потому, что вы не хотите меня расстроить... О, боже, хоть бы это была не я! Но, это я, это я! И, как только я вспомню об этом позоре, так всё, что было тогда, возвращается ко мне снова и сводит меня с ума!

— Ничего нет удивительного, — запричитала мать, — у тебя видно горячка, надо тебе что-нибудь успокоительное принять. Где у нас пузырёк? Это тебя успокоит лучше всего, а ещё лучше будет, если я пошлю за старым Бальтазаром!

— О, только не за ним! — вскрикнула Бальбина, побледнев от ужаса. — Он мне не нужен! Или ты, может быть, хочешь, чтобы я вовсе умерла?

— Ну, что ты такое говоришь, — примирительно сказала мать, решив уже идти навстречу всем пожеланиям дочери, — он не придет, если ты не хочешь, будь только спокойна!

— Оставь меня одну, — тихо проговорила Бальбина, — для меня это сейчас лучше всего. Я лягу, я так устала... часочек сна и мне снова будет хорошо... так же хорошо, как в часовне на стене нарисовано.

Она добралась еле-еле до постели и легла. Мать подобрала её украшения и одежду, которую она с себя сняла, а Бальбина между тем закрыла глаза и как будто успокоилась.

Вернувшись к себе, мать спросила служанку:

— Скажи-ка мне, что это за роспись в часовне? Бальбина просто с ума сошла...

— Да ничего особенного, — ответила служанка, — ровным счетом ничего. Я это ей уже говорила. Всё ей просто показалось. Никому это даже в голову не пришло, я же перед картиной долго стояла. Однако не заметили ли Вы сами, что с ней что-то неладно? Я у вас служу уже третье лето и своими глазами видела, что, как только приходит день Вознесение Марии, Бальбина каждый раз уходит из дома?

— Да, ты права, ты права... — закивала мать головой.

— Время лечит, — продолжала служанка, крестясь, — всё проходит, всё и на этот раз пройдёт и всё будет хорошо. Господи, спаси нас и сохрани! Однако, люди, как всегда, всё знают и в один голос говорят, что она всё ещё о Вайте думает, он ведь как раз в день Вознесения Марии исчез.

— Вполне возможно, — подтвердила мать, — но во всём только мой муж виноват, прости ему, Господи! Он был очень строгий и очень чёрствый и к тому же Вайта терпеть не мог.

— Время пройдет, — сказала служанка, — и всё успокоится... Но в прошлую ночь Бальбина, видимо, совсем не спала. Я слышала, как часто она просыпалась, ходила надо мной и что-то передвигала.

— О, я тоже, я тоже, — ответила мать. — Боже мой, Боже мой, у меня только один ребенок, но я больше беспокойства имею, чем моя сестра, у которой их десять!

И с этими словами она побрела на кухню, чтобы проглотить что-нибудь, так как с утра ещё ничего не ела.

Наступила ночь. Бальбина в своей комнате не шевелилась, мать знала об этом точно, так как, беспокоясь о ней, часто подслушивала под её дверью. Небо было затянуто тучами, облака плыли ещё очень высоко, однако, похоже, надвигалась гроза. Ветер бушевал уже у скал, лес шумел наверху, как водопад. Мать не спала, чтобы быть начеку, если вдруг Бальбина её позовёт или придёт вниз сама, как вдруг глаза её сами собой закрылись, и она уснула. Полночь уже давно прошла, когда она неожиданно проснулась от звука шагов наверху, которые она, благодаря материнскому чутью, услышала даже сквозь сон. Схватив лампу, побежала она скорей наверх, и как раз в этот момент весь потолок комнаты так содрогнулся, как будто на пол упало что-то тяжёлое. Запыхавшись, прибежала мать наверх. В комнате было темно, но лампа сразу осветила лежащую во весь рост на полу Бальбину.

— Бальбина! — позвала её мать, вне себя от волнения.

Лицо Бальбины на зов матери прояснилось, она собралась с силами и встала. Вид её был ужасен до неузнаваемости, лицо белое, как полотно, волосы дыбом, на носу и лбу капельки пота.

— Слава Богу, мама, что ты пришла! — воскликнула она. — И, пожалуйста, не оставляй больше меня никогда одну! Я не знаю, что это было, но это было ужасно! Я этого больше не выдержу! Они придут ко мне и заберут меня с собой! Прошу тебя, не оставляй меня одну или ты никогда меня больше не увидишь! Я знаю точно, что они придут снова, они уже поджидают меня... Ах, лучше бы меня сам Сатана схватил, чем эти разбойники с такими отвратительными лицами!

— О, Боже всемогущий! — вскричала мать, вознеся руки к небу. — Когда же ты успокоишься? Никто тебе ничего плохого не сделает, все тебя любят, ты только сама себя мучаешь и ещё меня заодно. Всё тихо вокруг, я думала, что и ты спишь спокойно!

— Я и спала, — начала Бальбина, — но сны... сны... такое даже невозможно себе представить! Я так испугалась, что в отчаянии встала из постели, подошла к открытому окну и скрестив руки, стала смотреть на Три Креста, а потом с мольбой протянула к Христу руки и со слезами страстно молилась, так, что, казалось, можно было бы и камни разжалобить... И вдруг, ты только, мама, послушай... кресты начали двигаться, не качаться, я такого ещё никогда в жизни не видела, а именно двигаться и приближаться ко мне всё ближе и ближе... А, когда я их уже совершенно четко увидела, то оказалось, что это не три, а только два креста, которые несли разбойники, только они шли ко мне, а Христос даже не шевельнулся, только он один не тронулся со своего места!

— О, прошу тебя, перестань! — закричала мать, вся похолодев.

— Но, если бы только это, — продолжала Бальбина, — представь себе, они подходят совсем впритык к окну и встают прямо передо мной. Я застыла как каменная. Никогда я не забуду их лица! Они поднимают головы и одной рукой хотят меня схватить, а другой они держатся за кресты, однако я не могу отойти от окна. Я умираю от страха и хочу бежать прочь, но ноги мои как будто прилипли к полу. Наконец эти две страшные руки уже совсем приблизились ко мне... и тут я отскочила от окна, и это было мое счастье!

— Бедная ты моя, но я ещё несчастнее тебя, — простонала мать, — скажи мне, как я могу тебе помочь, как? Сядь со мной рядом и расскажи мне, как на духу, что с тобой и что наводит тебя на такие страшные мысли! От меня ты не должна ничего скрывать, ты не должна быть, как книга за семью печатями, иди ко мне, моя дорогая, моя единственная Бальбинхен!

— Ну, хорошо, мама, — сказала Бальбина с робкой покладистостью, как, если бы её воля была совершенно сломлена, — но, будь добра, закрой, пожалуйста, окно как следует!

Мать закрыла окно и села на стул перед Бальбиной, которая уже присела на кровати.

— Наверное, это правда, — начала мать доверительно — что ты всё о Вайте думаешь...

— Да, — подтвердила дочь в душевной запальчивости, — о нём, о всём том, что с ним связано, и об этом моём проклятии!

— Значит, всё-таки люди правду говорят... — снова начала мать.

— И люди правду говорят, и художник тоже прав, — начала Бальбина, — я долго молчала, никто, кроме меня, ничего не знал, но теперь, даже если я сейчас и не во всём тебе признаюсь, ты это и без меня услышишь во всех углах. Помоги мне, посоветуй мне, что мне делать! Я хочу сейчас тебе всё рассказать и во всём тебе признаться, как если бы я перед Судом Господним стояла. Ты даже себе не представляешь, как я рада с тобой сейчас поделиться, как тяжело мне держать всё в себе и как от этого разрывается мое сердце. Наверное, мне надо было раньше тебе всё это рассказать от начала до конца, и тогда, возможно, всё было бы хорошо, и эти два бандита не пришли бы ко мне сегодня...

При последних словах она опустилась от печали и боли на подушку, а мать дрожала от нетерпения узнать правду, пока Бальбина, наконец, собралась с мыслями и начала свой рассказ.

— Ну, слушай теперь всё, — сказала она, вцепившись в руки матери, — но только обещай мне, пожалуйста, что ты мне во всём поверишь!

— Я тебе верю, я знаю, что ты часто молчала, но никогда не лгала.

Бальбина хотела было уже начать, и первые слова готовы были уже слететь с её уст, как вдруг вздохнула, как будто бы мужество оставило её, но, потом внезапно подняла голову и начала говорить.

— Только одно лето я провела на нашем пастбище в горах.

— Да, это правда, — подтвердила мать, в напряжении ожидая продолжения, — ни я, ни отец не хотели тебя туда пускать.

— А тебе самой не приходило в голову, — спросила Бальбина, в страхе прислушиваясь к её ответу, — почему я так настаивала тогда на этом?

— Наверное, ты тогда с Вайтом там была, — сказала мать.

— Ах, ведь ты бы мне это не разрешила! — воскликнула Бальбина, заламывая руки. — Я ведь шла навстречу большому горю, и мне было очень страшно! У меня ведь была очень серьезная причина идти на пастбище, потому что я не хотела, чтобы меня кто-нибудь увидел и узнал бы о том стыде, который всё равно раскрылся бы сам собой!

— Боже мой! — воскликнула мать, даже подскочив от страшного предчувствия. — А, дальше, что же было дальше?

— А потом, — простонала Бальбина, прикрыв от стыда платком свое лицо, — прямо в день Вознесения Марии появился ребенок на свет...

— Ну и... — спросила мать дрожащим голосом, — что же стало с ребенком?

— О, мама, — резко поднявшись, вскрикнула Бальбина, придя в ужасное волнение и совершенно изменившись в лице, — сейчас будет самое ужасное... Слушай. Я уже дома и лежу на чердаке на соломе, а ребенок спит около меня. Вдруг слышу я голос отца, который, ругаясь, зовёт меня, потому что нигде не находит. Я не могу ни пошевелиться, ни ответить ему. О, если бы Вайт пришёл на один час раньше, чем отец, и взял бы маленького с собой, я уверена, что тот был бы в надежных руках! Тут слышу я, что отец сам идёт на сеновал, потому что заскрипела лестница, и как раз в этот момент ребёнок закричал. Я испугалась и спрятала его под солому, прикрыв ему рукой ротик. Уже вижу я голову отца. «Ты что, оглохла?» — заорал он. «Я больна», — ответила я, и Бог знает, сколько ещё прошло времени, когда он снова спросил меня: «Что это с тобой? Мне, действительно, показалось, что ты сегодня плохо выглядишь!» «Я правда себя плохо чувствую, — говорю я ему, — но ты уходи и пусть придет старый Бальтазар!» «Ладно, — сказал отец, — мне самому кажется, что так будет лучше. Но почему, скажи мне, ты лежишь на сеновале?» «Сама не знаю, — говорю я ему первое, что мне приходит в голову, — я сейчас спущусь, только ты уходи отсюда!» Потом я поднялась, вся трясясь и не помня, как отец снёс меня на руках по лестнице вниз в комнату… Отец вернулся от Бальтазара очень быстро…

— Так вот, оказывается, какая болезнь была у тебя тогда, — воскликнула мать, хлопнув себя по лбу рукой.

— Снова поднялась я на сеновал, охваченная ужасным предчувствием, — продолжала Бальбина, — скорей, скорей взглянуть на ребенка… О, я этого не перенесу… Мама, он задохнулся! Мать страшно закричала.

— Да, он задохнулся… — повторила дочь с особым ударением, не обращая внимания на отпрянувшую от неё мать, а только повинуясь внезапному чувству, которое вынудило её сегодня сделать это ужасное признание. — Я была, как сумасшедшая, час шёл за часом, но что с того. Ребенок задохнулся. Тут завернула я его в платок и, ещё толком не знаю зачем, бегу я по откосу наверх, всё выше и выше, и добежала уже до подножия Драйкёнигсберг. Я сама не знала, зачем я бегу туда, но какая-то сила заставляла меня подниматься всё выше и выше, как будто я хотела своего ребенка на руках до самого неба донести. Тут вдруг вижу, что я стою перед маленьким зеленым озером и, не помня себя, бросаю я ребенка туда и тут же без оглядки бегу назад, как будто за мной сам Сатана гонится. После лежу я, как мёртвая от всего пережитого, в своей комнате, когда входит старый Бальтазар. Я несу ему всякую ерунду, но он прерывает меня: «Ты всё врешь, где ребёнок?» Пришлось мне рассказать ему всю правду. Он сказал: «Что же ты не подождала меня? Может быть, я бы его спас. А потом, что, если он всплывёт через пару дней, что тогда?»

Вот эта мысль и сверлит мой мозг каждый день и точит моё сердце. Сразу же на другое утро побежала я к озеру, чтобы убедиться в том, что ребёнок не всплыл со дна озера наверх, и так каждый день до сегодняшнего дня... Можешь ты это понять?

Она смотрела на мать отсутствующим взглядом и не видела её.

— То, что ты сейчас рассказала мне, это очень большое горе, но было бы ещё хуже, если бы ты сама на себя руки наложила, — сказала мать, — молись и Бог простит тебя, а я тебя прощаю!

— Но почему же Вайт меня оставил? — заплакала Бальбина. — Почему же он на край земли сбежал и больше никогда моих рук не касался? Уж лучше бы мне совсем руки отрубили или хотя бы одну эту несчастную, неловкую руку!

— Ах, ты бы лучше прилегла, моё бедное дитя! — воскликнула мать, больше напуганная состоянием дочери, чем открытием самой тайны. — Тебе нужен покой, а тогда ты опять придёшь в себя.

И с этими словами мать взяла её за руку и хотела отвести в постель.

— Покой? — спросила Бальбина в глубоком волнении. — Да как я могу спокойно спать, когда все кругом в один голос твердят: «Это Бальбина, это Бальбина», и кто, кто сможет закрыть им рот?

— Никто так не думает, — старалась утешить её мать, — только тебе кажется, что все так думают.

— Нет, мама, это везде, это повсюду! Озеро «Драйкенигзее» прямо на стене в часовне висит, ребенок плавает в нём и я его ловлю! Все видят, что это я, разве не так, мама? Но... слышишь? — сказала она, прислушиваясь, внезапно вздрогнув от ужаса.

— Да нет, ничего страшного, — старалась успокоить её мать.

— Нет, что-то хлопнуло... — прошептала Бальбина, вцепившись в мать дрожащими руками.

— Так это же просто ветер, — сказала мать.

— Нет, — воскликнула Бальбина с особенной убежденностью, — это окно хлопнуло! Не открывай его, ради Бога! Ты видишь эти лица там? Это они, это разбойники! Они входят сюда, я уже вижу ногу одного, уже — другую... о, горе мне... — и она сделала несколько шагов назад, как если бы хотела быстро отбежать от окна, но внезапно упала на пол без чувств.

На зов матери пришла служанка и они вместе уложили Бальбину в постель, после чего та как будто успокоилась, но мысль о разбойниках её уже больше не покидала и душа её была сломлена.

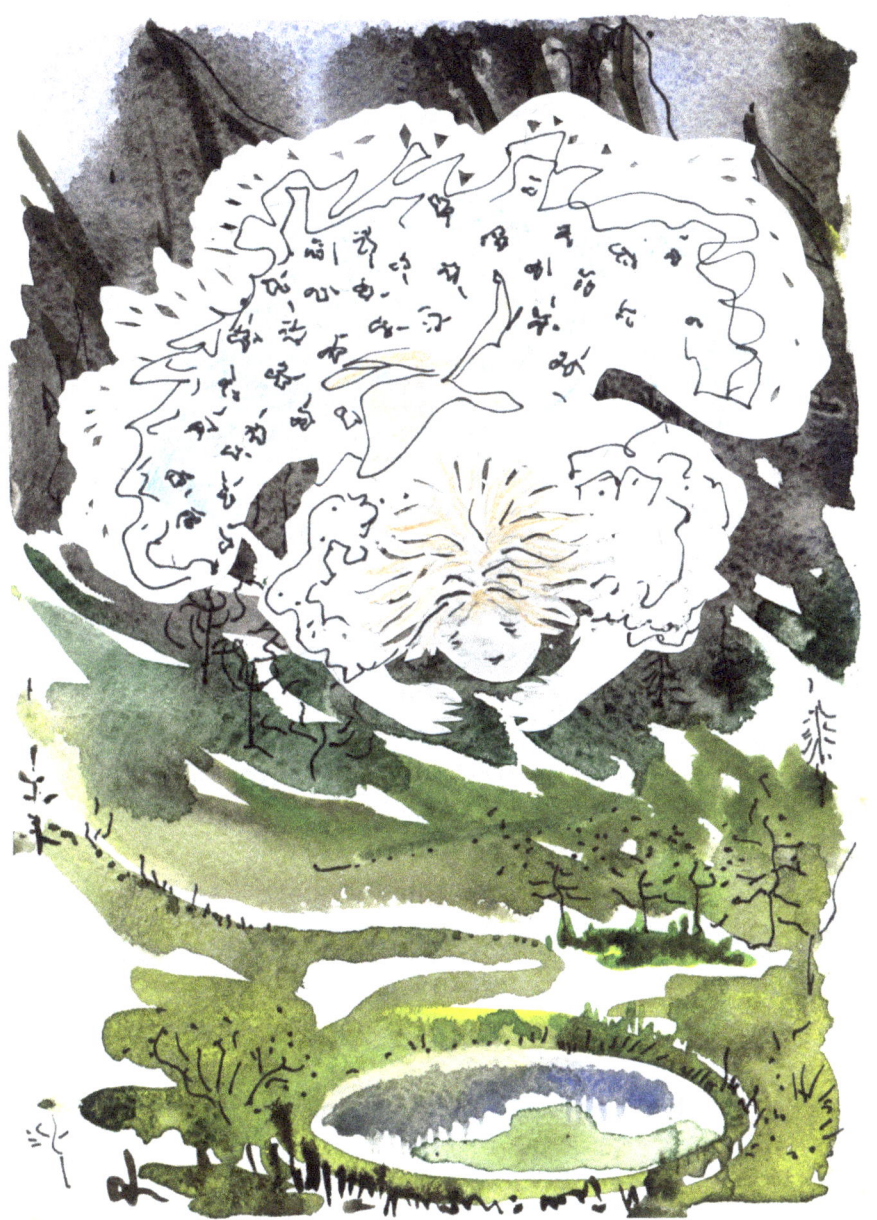

Глава 6

Цукертони был уже больше двух недель, как похоронен. Болезнь, от которой он умер так внезапно, была определена доктором Вайсбартом, который именем закона представлял свидетельство о смерти, как нервный удар. Смерть эта, против всех ожиданий и, как ни странно, осталась без последствий, на которые Леонард так победоносно рассчитывал и которых Штегвирт так отчаянно боялся как своего полнейшего краха. Старая тётка, о которой шла речь раньше и к которой, согласно завещанию, должно было перейти всё наследство маленького мальчика, не захотела по каким-то своим соображениям оставить себе недвижимость и предложила Штегвирту приобрести её на очень выгодных для него условиях. Конечно, всех сэкономленных им за эти два года пфеннигов не хватило бы для того, чтобы реализовать покупку, если бы не Штегбауэр. Отец Бригитты вообще-то был известен далеко не как щедрый человек и обычно глубоко в свой карман руку не запускал, но в данном случае поддержал своего будущего зятя.

Так и случилось, что Штегвирт, через несчастье, перед которым он дрожал день и ночь, от своего временного существования пришел неожиданно к твердому положению, став настоящим хозяином. Тут и не стал он больше из суеверных соображений медлить со свадьбой, чтобы не оставить возможность коварной судьбе поставить ещё какое-нибудь новое препятствие на своей дороге. В следующее же воскресенье после праздника Вознесения Христова и состоялось церковное обручение Штегвирта и Бригитты, на которое он пригласил всех родственников, всех господ из знати, всех, связанных с его делом и вообще всех уважаемых постоянных посетителей своего трактира.

В горах вообще свадьбы это большой общий праздник, в котором принимают участие и те, кто живет тут же в городке, и те, кто живет в ближайшем окружении. Чем более уважаемая пара, тем больше наплыв народа. Собственно говоря, свадьба — это повод, для того чтобы собраться всем вместе. К Штегвирту же, однако, собралось так много народа, как никогда ещё по такому поводу здесь не собиралось. Сам трактир и все места вокруг него были полны гостями, большинство из которых уже нетерпеливо ожидали танцев как апогея таких праздников. Стемнело, когда после застолья разрешено было начаться музыке. Танцевали на разных площадках: и перед домом, и в маленьком зале, который был расположен на верхней террасе, и внизу, в прекрасно убранном помещении, выполнявшее свое первоначальное назначение и так и называемое «Свадебный зал». Само собой разумеется, что именно в нём танцевали и веселились сами новобрачные и все особо именитые гости. Сам Штегвирт был внешне весел и полон таким счастьем, которого он раньше никогда не испытывал и которое, казалось, было несовместимо с тем свежим трауром, который он нес в своем сердце. Бригитта тоже не могла сдерживать свою радость от того, что она добилась осуществления своей мечты и стала, наконец, хозяйкой в трактире.

Не менее радостно и оживленно было и в соседнем зале. Здесь было очень шумно, невозможная духота и табачный дым, раздавался громкий смех, а иногда перебранка и ссоры. В середине зала был накрыт свадебный стол, а вокруг него, за другими столами, сидела смешанная публика, в основном из самого Бургзау. Каждый сел там, где было свободно, когда он пришёл. Только один стол составлял исключение, тот, за которым сидела местная знать: господин пастор со своим помощником, большинство чиновников из княжеской службы и, конечно, Грюнайзен со своей неизменной капральской тростью.

Рядом за столом сидела совершенно неизвестная публика, за исключением трех человек: художника Петэра Аурингера, старого Бальтазара и местного торговца Штаубмана. К полночи они остались за столом только втроем. Старому Бальтазару, у которого, собственно говоря, не было друга в этой кампании и который здесь был просто из уважения к Штегвирту, стоило немало усилий высидеть здесь так долго, и он уже было собирался уйти, когда его неожиданно привлек разговор за соседним столом, где сидела местная знать.

— Что же это, однако, лесник не пришёл? — воскликнул помощник пастора. — Это очень странно! Как бы чего не случилось!

— Я и сам тоже об этом подумал, — подтвердил Вайсбарт, — быть не может, чтобы его не было на таком веселье, а особенно сегодня! В два-три часа он должен был бы уже здесь быть, если только с кем-нибудь из приезжих несчастье не случилось бы!

— Нет ничего легче, — сказал один из чиновников, — я сам никогда на горе Драйкёнигсберг не был, но от лучших восходителей я слышал, что гора эта очень капризная и подняться на неё дело непростое. Ну, а уж если свалишься вниз, то костей точно не соберешь!

— Ну, за лесника-то нечего опасаться, — заметил пастор, — уж он-то знает, как где пройти... Но, господа, господа, смотрите!

Внимание Бальтазара в этот момент тоже было отвлечено довольно неприятным для него событием. Появился Леонард — шляпа лихо сдвинута на бок, вид обычной для него беззаботности, развязен, как всегда. Свой первый взгляд он бросил на Бальтазара, который сам совершенно не хотел бы показываться ему на глаза.

— Подвинься! — сказал он знахарю, не очень нежно отодвинув его к соседу, а сам сев на край скамейки.

— Что же ты так поздно? — спросил Бальтазар с поддельной сердечностью.

Ответа не последовало. Леонард сидел, задумавшись, не сняв шляпы, засунув руки в карманы и мрачно уставившись в пол.

— Я очень сожалею, но я уже должен уйти, — сказал Бальтазар, поднимаясь.

— Мы пойдем вместе, — бросил Леонард раздосадованно.

— Знаешь, это все из-за утра, — сказал Бальтазар извиняющимся тоном, — это всё мои пациенты!

— Твои пациенты? — спросил Леонард довольно громко и насмешливо. — Утром, наверное, опять кто-нибудь околеет!

Бальтазар как подстреленный отступил назад, в то время как местный торговец, который всё это слышал, но ничего не поняв, принял сказанное за шутку и чуть не лопнул от смеха. Леонард же сидел всё также молча и мрачно, а Бальтазар просто не знал, куда себя деть и что лучше всего в данной ситуации сделать. «Сильно выпивши он сегодня и становится все злее и злее, похоже, что он не оставит меня в покое, а может быть, ещё устроит какой-нибудь скандал! Уйду я или останусь здесь, от этого ничего не изменится, и я ничего не выиграю... Пьяный он без меня такое может наболтать, что мне это ещё больше навредит, чем, если я здесь буду. Умнее будет, если я останусь и свяжу этому чёрту руки! И я кажется даже уже знаю как!» — подумал Бальтазар.

— А, что ты скажешь, дружище, если мы сейчас наше пиво отставим и лучше бутылку вина выпьем? — предложил он Леонарду по-дружески.

— А может быть, две, а ещё лучше, три! — ответил Леонард, сразу повеселев.

Бальтазар заказал вино, бормоча про себя: «Хоть бы он так напился, чтобы его язык совсем не ворочался! Господи, ведь я мог бы влипнуть в ужасную историю!»

За соседним столом разговор всё ещё крутился вокруг приезжих восходителей:

— Один из этих господ, по-моему, какой-то барон из Вены, — сказал один из чиновников.

— А другой — художник, — присоединился к разговору Вайсбарт, поддразнивая Шмирпетэра, который стоял поблизости и слышал весь разговор.

— Художник? — спросил тот.

— Да, — ответил доктор, повернувшись к нему, — уж, наверное, он художник, если смог такую картину в часовне написать.

— Кто же из этих господ художник? — спросил Шмирпетэр с любопытством. — Который с черной бородой или со светлой?

— С черной, — ответил Вайсбарт, — он за эту роспись должен две тысячи гульденов получить.

— Ничего себе, — вскричал Шмирпетэр как ужаленный, — неплохие деньги!

— Да за такие деньги ты бы точно весь мир размалевал, — бросил с другого стола торговец.

— Да ну вас, — сказал Шмирпетэр, — за такие деньги, которые вы мне даете, мои работы ещё очень хороши! Вы только посмотрите, какую картину я на стене трактира нарисовал! Тут и кучер, и карета, и четыре тяжёлых коня, а ещё пять деревьев и ещё, ещё... и всё это за сорок восемь гульденов! Видит Бог, я ещё только пять грошей вдобавок попросил, а Штегвирт мне всё равно на один меньше дал! И при таких ценах должна ещё картина получаться? Да если бы мне платили, как этому художнику, и при этом я не должен был бы спешить и галопировать с кисточкой, так я бы написал картину не хуже той, что в часовне!

— Да ладно, успокойся, не горячись ты так, — сказал чиновник деревенскому художнику, — просто ты — Шмирпетэр, а тот, другой, — настоящий мастер, который, я думаю, тебя и в помощники не взял бы.

— И это точно так, — с жаром воскликнул торговец, подойдя к столу, за которым сидели именитые гости, — и все тоже так считают. Я много раз видел картину Страшного Суда, но я не припомню, чтобы я когда-нибудь при этом задумался. А тут я просто не мог оторваться от картины... Особенно меня поразила детоубийца... Конечно, то, что она сделала, это ужасно, но, однако, я не мог отвести от неё глаз. И даже до сих пор мысль о ней меня гложет, и я ничего не могу с собой поделать... .

При этих словах Грюнайзен поднялся в бешенстве со своего места и, стуча палкой в пол, сказал, обращаясь к торговцу:

— Да как тебе только не стыдно такое говорить! Если бы мне такая персона попалась на глаза, то я бы её тут же арестовал и её бы ждала петля!

— Что же это, — сказал Вайсбарт взволнованно, — если бы здесь в трактире кто-нибудь что-то оказал о короле, изображенном на картине, ты бы его тоже арестовал?

— Но, это уж слишком, — сказал, горячо вспылив, помощник судьи, — ни одна цензура в мире не допустила бы, чтобы на стене в кирхе такое могло висеть. Святое есть святое!

— На земле, но не там, наверху, — вмешался в разговор Леонард, держа в руке бокал с вином, — если бы сам король перед Богом предстал, то я не думаю, чтобы твоя мортира выстрелила, старый дурак!

— Так ты ещё будешь меня учить? — вскричал помощник судьи, как бы приготовившись внезапно нанести удар. — Ты, который вообще ни разу в жизни кроме трефового короля никакого не видел короля? А я, однако, перед королем Тосканским в карауле стоял и перед великим князем фон Заксен...

— Ты-то короля видел, — сказал Леонард, уже еле ворочая языком, — однако, если бы вот он тебя перед собой видел, тогда бы ты мог болтать... И, не дожидаясь ответа, он запел звучным, всё заглушающим голосом:

Плевать мне на всех,
Мне весело и хорошо,
Есть у меня сердечная песня,
Беру я стакан вина и пью его!..

Он поставил стакан на стол и, продолжая дальше с трудом петь песню на тирольский лад, снова сел на свое место.

«Слава Богу, что у него в голове уже другие мысли», — проговорил про себя Бальтазар, потирая под столом руки.

Тут Штегвирт, который был постоянно занят танцами и обслуживанием, был позван через весь трактир к столу, за которым сидела знать, и там услышал от Вайсбарта:

— Ты, Штегвирт, сегодня в танцах ни одну бабёнку не пропускаешь, хотя у тебя и других забот хватает, но, слава Богу, по тебе не заметно, что ты совсем недавно Тони потерял.

Большинство присутствующих засмеялись, и только Штегвирт остался серьезным и также серьезно сказал:

— Я много радости от ребенка видел, но и много забот имел. Наверное, если бы так дальше и шло, я бы с ума сошёл. Когда Тони кричал, без чего не проходило и дня, то это меня до самых кишок доводило, да так, что как будто это у меня болело, поверьте мне, Господа. Но Бог знает лучше нас всех, что он делает и что для нас хорошо, а что плохо!

Леонард, который был уже наполовину пьян, вдруг поднял глаза и остановил свой взгляд на Штегвирте. Бальтазару стало жутко.

— Цукертони уже не помочь, — сказал Леонард так громко, чтобы все сидящие могли его слышать, — тут кто-то был на правильном пути, кто-то обо всём своевременно подумал, — и продолжал дальше твердо, несмотря на то, что Бальтазар толкал его под столом ногой, — если бы этой пивной затычке кто-то ложкой крысиного яда суп не посолил бы, то Цукертони мог бы жить!

И при этом он постучал несколько раз себе по лбу.

Бальтазар, который весь задрожал от этих слов, огляделся вокруг, но, увидев, что на Леонарда никто не обратил внимания, немножко успокоился.

— Ты что-то совсем не пьёшь? — сказал он, снова наполняя бокал этому ужасному кутиле.

Леонард же, уже совершенно пьяный, схватил бокал, разом осушил его и сказал, еле ворочая языком:

— Вино хорошее, но скоро, однако, это будет называться: «Леонард, попей воды!» Ничего бы не случилось, если бы ты не назначил порошок Штегвирту для Цукертони! Это был тот ещё порошок!

— Ты что, совсем дурак? — спросил Бальтазар, совершенно вне себя. — Ты же сам не знаешь, что несёшь!

Однако Леонард уже не слышал его, потому что заснул.

— Что же мне делать? — сам себя спрашивал чудо-доктор.

— Должен же я что-нибудь придумать... — и он подтолкнул Леонарда.

— Ну, что там ещё? — спросил тот, еле ворочая языком.

— Это очень важно для тебя, — прошептал старик, — у меня есть хорошая идея, но это только между нами, и ты при этом получишь снова свою невесту, а я — свои пять сотен гульденов.

— Эй, за такое можно и тысячу! — воскликнул Леонард, сразу отрезвев.

— Я даю тебе слово, — сказал Бальтазар, — что не пройдет и четырёх недель, как Бальбина будет твоей.

— Ну, это заслуживает того, что ты меня разбудил, — ответил Леонард пренебрежительно, снова падая.

— Я знаю, что говорю, — продолжал Бальтазар, — ты получишь её, а она, значит, тебя.

— Как же это? — спросил Леонард. — У тебя, может быть, есть какой-нибудь волшебный напиток?

— И да и нет, — ответил Бальтазар, — я только знаю одно дело против неё и могу немножечко нажать, чтобы её женское упрямство сломить. Но тебе незачем об этом думать!

— Но скажи мне только, как? — спросил Леонард, снова весь окрыленный надеждой.

— Позволь мне держать это про себя, — ответил чудо-доктор, — но я тебе совершенно точно обещаю, что я это сделаю.

— Так ты точно уверен, что можешь сделать это? — воскликнул Леонард радостно.

— Без сомнения, — прозвучал ответ.

— Вот это было бы здорово! Роскошно! Великолепно! Давай, сделай, что говоришь! Да за такое известие можно и выпить ещё! — воскликнул Леонард.

— Ну, это само собой разумеется, — ответил Бальтазар, — но послушай, прошу тебя, о Цукертони ни слова больше! Если только кто-нибудь что-нибудь заподозрит, то мы только себе пальцы обожжём!

— Ты прав, — согласился Леонард, допивая остаток вина из бокала, — обними же меня, мой старый друг и сердечный брат.

Они обнялись, Бальтазар немножко успокоился, удовлетворённый своим успехом, а Леонард налил себе вина из новой бутылки и запел во весь голос, не обращая ни на кого внимания:

> Если бы все люди на земле
> Жили бы как святые,
> То пастор имел бы
> Такое же отношение к душе
> Как его кухарка к отпущению грехов.

Не успел он допеть свою песню до конца, как Грюнайзен подскочил к нему, как бешеный, и заорал на него:

— Это что ещё за песня? Ты что не соображаешь, где ты находишься?

— Песня эта не новая, — ответил Леонард удивлённо и совершенно спокойно, — ты должен был бы её уже сто раз слышать, потому что, как известно, без тебя не обходятся ни одни танцы и ни одна выпивка!

— Песню эту я, конечно, уже слышал, но ты же должен иметь приличие! Рядом с тобой сидит сам господин пастор, и он должен это слушать?

Поднялся громкий хохот, в котором и сам пастор принял участие, вследствие чего злость Грюнайзена уже была совершенно безгранична.

— Я тебя арестую! — воскликнул он, замахнувшись на Леонарда.

— Да, пошёл ты! — сказал тот, отмахнувшись от него поднятой рукой. — Ты же знаешь, что если я тебя достану, то ты уже не успокоишься до Страшного Суда!

Скандал был внезапно прерван громкими возгласами среди общего шума:

— Лесничий, лесничий!

Лесничий пришёл так поздно, что все уже собирались расходиться.

— Очевидно, произошло несчастье! — послышалось со всех сторон.

— Да, — произнес лесничий, — несчастье всегда приходит тогда, когда его ждешь меньше всего. Мы переночевали сегодня на пастбище Оберангер и преспокойно шли к восходу солнца на вершину горы Драйкёнигсберг... На обратном же пути сегодня, примерно в одиннадцать часов, обедаем мы недалеко от озера Драйкёнигзее. Один из господ подошёл к озеру и вдруг закричал, позвав нас, чтобы мы подошли к нему. Мы подходим и видим: на том месте, где вода только на сажень глубины, лежит труп. И это женщина!.. И, как вы думаете, кто это? Никто не догадается! Это — Бальбина!

Новость эта произвела огромную сенсацию и ошарашила всех присутствующих, но самое сильное впечатление она произвела на Леонарда, которого она просто убила. Он весь оцепенел, когда было названо имя утопшей, и сидел, как безжизненный. Все еще держа в руке бутылку вина, из которой хотел было себе ещё налить, но не налил, он сжал её в руке так сильно, что та треснула.

84

— Что же такую спокойную и порядочную девушку в воду понесло? — взял слово пастор, как только лесничий закончил свой рассказ. — Она, должно быть, из-за чего-то очень страдала.

— Один Бог знает, — проговорил чиновник, полный сострадания.

— Я так думаю, что она сама бросилась в озеро, — сказал Вайсбарт, которому, собственно говоря, сочувствие было чуждо и который скорее хотел из одного невероятного события перекинуться в другое, — просто она сама себя стыдилась! Ведь она два раза была невестой, в общем, всего четыре недели, и при этом ни разу не вышла замуж. Разве этого мало? И один, и другой её оставили.

— Если бы я был бы свободен, — сказал торговец с глубокой сердечностью, — то я только её бы взял в жены — и никакую другую...

Леонард вышел из своего оцепенения, медленно, как бы проснувшись, поднялся, также же медленно поднял руку, в которой ещё держал бутылку вина и, недоумевающе качнув головой на свою ладонь, посмотрел на неё. Она была во многих местах поранена и сильно кровоточила. От вида крови он как бы весь собрался, посмотрел по сторонам диким взглядом, как если бы он искал кого-то, чтобы ударить, но потом, видимо, раздумал, ещё раз взглянул на свою пораненную руку и быстро вышел из зала.

— Вы видели Леонарда? — спросил пастор.

— Да, — ответил Грюнайзен, — здорово его разобрало!

— Я с Вами не согласен, Ваше Преподобие, — осмелился, наконец, вставить слово Бальтазар, который немножко пришёл в себя от всех намёков Леонарда на Цукертони, — я не думаю, что он вообще способен на какие-то чувства, а особенно сегодня. Когда он пьян, то ему вообще всё нипочём. Он сегодня уже такие богохульные вещи обо мне болтал, что я много раз порывался уйти отсюда. Мне кажется, что он ещё устроит сегодня какой-нибудь скандал! Я не могу здесь больше оставаться! Он взял свою шляпу и палку и хотел было уже уйти, но тут к нему вдруг обратился лесничий:

— А ты, Бальтазар, что же ты молчишь? Бальбина же была больна, и ты, очевидно, должен был быть позван к ней!

— Да, да, — заикнулся было знахарь, опять попадая из одного неловкого положения в другое, — действительно у неё была высокая температура и немного странная речь, но вчера, однако, она успокоилась и чувствовала себя уже лучше.

И он не стал больше задерживаться из страха ещё раз столкнуться с Леонардом.

Было уже очень поздно. Петухи на дворе пропели. Большинство гостей разошлось, а остальные собирались уйти домой, когда по приказанию Штегвирта музыка прекратилась.

Праздник закончился, и молодая пара могла, наконец, отправиться в спальню в сопровождении родителей и других родственников. Вход в спальню был по-праздничному убран гирляндами с именами новобрачных, и Бригитта, которой очень хотелось всё это рассмотреть, первая быстро вспрыгнула туда.

Не успела за ней захлопнуться дверь, как она подняла страшный крик и без чувств упала между дверью и кроватью, над которой, выше гирлянды, развешенной во всю ширину кровати, висел в петле на одежном крючке Леонард. На стене около него виднелся кровавый отпечаток его руки.

86

Бригитта вскоре пришла в себя, но ещё долго после случившегося не могла ни утешиться, ни провести ночь в этом доме, потому что была очень взволнована и чувствовала страшные угрызения совести.

Глава 7

После смерти Леонарда его кредиторы не долго мешкали, и всем стало известно, что не любовная тоска, а большой долг был настоящим мотивом его самоубийства. До обнародования этого дела Бригитта мучилась, упрекала себя в случившемся и поэтому стеснялась войти в трактир хозяйкой. Молодые много пережили, пока, наконец, пришли в себя.

За стеной францисканского монастыря, а не на кладбище, потому что они сами на себя руки наложили, лежали двое несчастных — дикий Леонард и прекрасная Бальбина. Именно здесь они нашли друг друга.

Народная фантазия, которой именно такие страшные события дают пищу, а особенно здесь, высоко в горах, где дни идут не так, как в городах, в которых одна новость быстро сменяет другую, мгновенно пополнилась слухами, что сзади двора кирхи что-то происходит.

Например, такое. Обычно привидения в полночь появляются, а здесь как будто привидение появляется коротко перед рассветом и на какое-то время задерживается над могилами самоубийц. Или вот ещё: одна женщина, не из местных, ничего не знавшая о том, что здесь произошло раньше, рассказывала, что она шла как-то мимо этого злополучного места у стены кирхи перед заходом солнца и видела голого мужчину, покрытого кровоточащими рубцами, который вдруг мгновенно исчез, как сквозь землю провалился. Эта новость, казалось, должна была вызвать большую сенсацию, но почему-то вскоре забылась.

Однако потом оказалось, что рассказ этой женщины не был выдумкой. Однажды, уже после того, как она рассказала, что видела призрак, шёл священник из монастыря служить утреннюю мессу в помощь пастору Бургзау. И вдруг видит он, что на могилах самоубийц лежит лицом вниз раздетый догола мужчина, а рядом с ним кожаная многохвостая плеть, какая-то одежда и в том числе францисканская монашеская ряса. Увидел он также, что спина этого человека вся обезображена, как бы от ударов плетью, а затылок выбрит, как у францисканского монаха. Монах посадил несчастного, прислонив его спиной к стене... и, как только он увидел его лицо, то узнал в нём брата Перегрина, который делал в часовне стенную роспись.

Брат Перегрин и был прежний возлюбленный Бальбины Вайт и он же ученик Шмирпетэра. Он прошёл ужасный путь от того времени, когда он оставил мастерскую своего учителя в Бургзау, до настоящего момента, когда он был увиден на могиле своей возлюбленной. После этой жуткой истории на Оберангерском пастбище, охваченный страхом и потерявший всякую надежду на будущее, он сбежал, сам не зная о том, куда его занесёт. Было ему тогда двадцать четыре года и не долго думая решил он держать путь на Вену, вспомнив о том, что там жил знаменитый художник, который в прошедшее лето отдыхал в Бургзау. Художник этот действительно пригрел Вайта, заметив его талант, и сделал ему предложение пожить у себя и дать ему образование. Когда-то раньше у Вайта было много друзей, но он растерял их, пока был с Бальбиной.

Теперь же, когда любовная связь была так ужасно разорвана, он был очень рад, что нашёл такого покровителя и мог рассчитывать на его сердечность. В короткое время Вайт сделал поразительные успехи в живописи, но душа его никак не могла оправиться от полученного удара. Боль от насильно разрушенной первой любви, усиленная еще и его собственной эксцентричностью, и бесконечное возвращение мыслями на Оберангер, окончательно вывели его из равновесия. Вайт решил, что всё равно ничего не добьётся в жизни и потеряв голову и совершенно отчаявшись просто стал жить в свое удовольствие.

Бурная жизнь так подорвала его здоровье, что он, измученный душой и телом, незадолго до описываемых событий пришёл во францисканский монастырь. Он прослышал о том, что часовня в Бургзау, в котором постоянно пребывали его мысли, должна реставрироваться, и предложил настоятелю монастыря изобразить в часовне картину Страшного Суда. Вот с этого времени он и жил здесь, ежедневно держа свой путь из монастырской кельи в часовню. Настоятель монастыря, который только единственный знал о его происхождении, сохранял в тайне секрет своего временного жильца, который Вайт и выговорил себе как единственный гонорар.

Это и было, то привидение, которое со времени Бальбининой смерти видели у стены кирхи. Тут замаливал Вайт свои грехи у могилы девушки, которую он соблазнил и привёл к несчастью, и страстно скорбел о своей так неудачно оборвавшейся юности. Но сегодня он тут внезапно потерял сознание, что помешало ему, как обычно, тайно вернуться в свою келью. Придя же в себя, он первым делом стал упрекать монастырского врача за то, что тот его вернул к жизни. Когда же врач, осмотрев его, сказал, что дни его всё равно сочтены, он совершенно утешился. Теперь он уже не предпринимал больше свои ночные выходы, и местные жители перестали видеть его у стен кирхи.

Братья монахи по-разному наблюдали за телом и душой больного, одни сочувствовали ему, другие же считали, что он совершил ужасный грех и должен быть наказан. Настоятель монастыря тоже не был лишен человеческих чувств, но он как большой знаток искусства и меценат был потрясен тем, что такой гениальный художник должен умереть в расцвете своих сил и таланта.

— Провидение удивительно и непостижимо, — сказал он как-то в трапезной, — оно дало ему талант, который разросся до гениальности и который он не должен был бы зарыть в землю. Сделать роспись в часовне это была цель его жизни. И вообще, собственно говоря, могла ли быть написана картина, которая теперь останется в нашей часовне на вечные времена, если бы он жил спокойно, был бы удовлетворен сам собой, если бы он был здоров, и душа его не была бы так страшно напряжена?

Монахи не обратили серьёзного внимания на это его глубоко прочувствованное замечание, а настоятель вскоре после того сам пришёл к брату Перегрину, состоянием которого он был очень обеспокоен.

— Ваше преподобие, — сказал молодой монах, глаза которого и страдальческие черты лица засветились вдруг жизненной силой, — разрешите мне только ещё один раз покинуть мою келью!

— Ну, этого я не могу разрешить, дорогой мой брат, это может разрешить только врач, — сказал настоятель.

— Я не пойду далеко, — сказал больной, как бы предаваясь своим мыслям.

— Нет, ни в коем случае, — решил настоятель, так как он опасался, что больной опять пойдет к кладбищенской стене.

— Жаль, очень жаль, — пробормотал брат Перегрин, снова впав в апатию.

— Лучше подождите немного, — сказал настоятель мягко, — вот наступит улучшение...

— Если я только мог бы подождать! — вновь обратился к нему больной. — Я чувствую, что я должен использовать ещё одно мгновение!

— Для чего? — спросил настоятель не без беспокойства.

— Мне сегодня ночью пришла в голову одна мысль, — ответил брат Перегрин, — и я хотел бы ещё кое-что улучшить в моей картине.

— Всё так превосходно, — сказал настоятель монастыря, — что я Вас просто не понимаю. Оставьте всё как есть! Этому произведению даже Ваши руки могут повредить! Поберегите себя!

— Если уж я что-то надумал, — сказал больной монах, — то меня не остановить, тогда моя кисть всё доделает сама, и я буду спокоен, что свою песню до конца спел.

— Вы действительно уверены, что это необходимо? — спросил настоятель, раздумывая, запретить или разрешить умирающему мастеру нанести последний штрих.

— Одного вечера мне было бы достаточно... — попросил больной с мольбой во взгляде.

Настоятель монастыря был в нерешительности. Видя изнуренное тело и впалые глаза больного, он хотел отказать, но, чувствуя значительность просьбы, он посчитал нужным разрешить ему. После короткой паузы он сказал, однако:

— Запах от красок вреден для ваших лёгких!

— Прожить ещё на несколько дней больше или меньше, — сказал брат Перегрин, — это уже не столь важно...

— Ну, тогда с Богом! — сказал настоятель с тяжелым вздохом. — Я прикажу поставить подмости и раздвинуть занавеси!

После обеда брат Перегрин, ещё очень слабый, чтобы идти сам, был отведен в часовню. Было уже пять или шесть часов вечера, когда настоятель, обеспокоенный его отсутствием, отправился посмотреть на него. Медленно раздвинул он полотно, отделяющее часовню от кирхи. Брат

Перегрин сидел на подмостях, прислонённый к своему стулу, голова наклонена на одну сторону, краски в левой руке, а правая, с кистью, упала. Настоятель испугался и позвал его громко по имени. Ему ответил только звук от стен кирхи. Художник как будто спал и был уже холодный. Судьба не дала ему возможности сделать последний штрих, а позволила только, по всей видимости, бросить последний взгляд на своё творение и на слезы любимой девушки.

Волнений в Бургзау было немало, когда стало внезапно известно, что художник, который выполнил в капелле настенную роспись, и есть исчезнувший Вайт.

КОНЕЦ